빵플릭스 1

시즌 1 Episode 1~11

Let's 일빵빵
자막없이 보는 미드 영어
빵플릭스 1 시즌 1 Episode 1~11

2022년 8월 1일 초판 1쇄 발행

지 은 이 | 이서영
펴 낸 이 | 서장혁
기 획 | 일빵빵어학연구소
디 자 인 | 이가민
마 케 팅 | 윤정아 최은성

펴 낸 곳 | 토마토출판사
주 소 | 서울시 마포구 양화로161 케이스퀘어 727호
T E L | 1544-5383
홈페이지 | www.tomato4u.com
E-mail | support@tomato4u.com
등 록 | 2012. 1. 11.
I S B N | 979-11-90278-73-7 (14740)
979-11-90278-76-8 (세트)

빵플릭스 1

시즌 1 Episode 1~11

이서영 지음

토마토
출판사

“렛츠일빵빵이 더욱 강력해졌습니다”

기종에 따라 플레이스토어나 앱스토어에서

‘**일빵빵**’ 검색 후 어플 다운로드 받으시고

매일 업데이트되는 최고의 강의를 들어보세요.

• 본 교재는 렛츠일빵빵 회원만을 위한 멤버십용 특별 교재입니다.

Season1 Ep1

Season1 Ep2

C O N T E N T S

Season1 Ep5

Season1 Ep6

Season1 Ep7

C O N T E N T S

빵플릭스 1

시즌 1 Episode 1~11

There is nothing to ~

~할 것이 없어

Monica **There's nothing to** tell! He's just some guy I work with!

Monica 별로 얘기할 것도 없어. 그냥 같이 일하는 동료일 뿐이야.

Joey C'mon, you're going out with the guy! There's gotta be something wrong with him!

Joey 에이, 너 그 남자랑 데이트하는 거잖아. 그 남자 틀림없이 이상한 점이 있을 거야.

Note

- 'There is nothing to tell'을 해석할 때 '나는'을 뜻하는 'I'가 포함되지 않은 문장이지만 'tell' 하는 화자가 본인이기 때문에 '나는 할 말이 없다'라는 의미가 된다.

  주의 그러나 'there is'가 항상 'I'를 대체하는 것은 아니며, 'to V'에 해당하는 행동의 주체가 되는 이가 본인일 때만 '나는'으로 해석된다.

Practice

1 볼 게 없어.

2 먹을 게 없어.

3 걱정할 거 없어.

4 요리할 게 없어.

5 읽을 만한 것이 없어.

주요 장면 STUDY

Monica There's nothing to tell! He's just some guy I work with!

Monica 별로 얘기할 것도 없어. 그냥 같이 일하는 동료일 뿐이야.

Joey Come on, you're going out with the guy!
There's gotta be something wrong with him!

Joey 에이, 너 그 남자랑 데이트하는 거잖아. 그 남자 틀림없이 이상한 점이 있을 거야.

- There's nothing to ~ : ~할 것이 없어
- He's just some guy (whom) I work with! : 'whom' 이 생략된 문장.
  - >> He is just some guy. I work with him.
  - >> He is just some guy. I work with whom. (반복되는 단어라 'whom'으로 바뀜)
  - >> He is just some guy whom I work with. (반복된 단어 뒤에 붙고 목적형이라 최종 생략)
  - >> He is just some guy I work with.
- come on : 감탄사로 많이 쓰이며, '에이, 설마, 제발' 등의 의미로 사용된다.
- go out : '밖으로 나가다'라는 의미지만, 속뜻은 '데이트하다'.
- go out with someone : 누구와 데이트하다.
- gotta = must : ~해야 한다.
- gotta be = must be : ~임에 틀림없다.

Go through

겪다, 경험하다

Phoebe Just, cause, I don't want her to **go through** what I went through with Carl!

Phoebe 그냥 난, 내가 Carl과 겪었던 일을 Monica가 겪지 않았으면 좋겠어서 그러는 거지 뭐.

Monica Okay, everybody relax. Relax! This is not even a date. It's not! It's just two people going out to dinner and not having sex.

Monica 다들 진정해. 진정하라고. 이건 데이트라고 할 수도 없어서 그래. 그냥 두 사람이 만나서 저녁 먹고 헤어지는 거뿐이라고.

Note

- 'go through'는

1 무언가를 뚫고 헤쳐나가다 2 '겪다, 경험하다'라는 뉘앙스를 가진다.

주의 부정적인 상황에서 주로 사용되는 표현으로 긍정적인 상황에는 사용하지 말 것!

i.e "나 좋은 시간을 보냈어"라고 말하고 싶을 때

I went through a great time. X

I had a great time. O

Practice

1 나 힘든 시간을 겪고 있어.

2 너 이 일을 혼자 겪지 않아도 돼.

3 그녀는 많은 일을 겪었어.

4 당신이 겪는 모든 일은 당신을 성장시킵니다.

주요 장면 STUDY

Phoebe Just, cause, I don't want her to **go through** what I went through with Carl! Oh!

Phoebe 그냥 난, 내가 Carl과 겪었던 일을 Monica가 겪지 않았으면 좋겠어서 그러는 거지 뭐..

Monica Okay, everybody relax. Relax! This is not even a date. It's not! It's just two people going out to dinner and not having sex.

Monica 다들 진정해. 진정하라고. 이건 데이트라고 할 수도 없어서 그래. 그냥 두 사람이 만나서 저녁 먹고 헤어지는 거뿐이라고.

Chandler Sounds like a date to me.

Chandler 내가 하는 데이트는 늘 그런데?

- I don't want her to ~ : 그녀가 ~ 하지 않기를 바란다.
- relax : 진정하다, 긴장을 풀다.
- go through : 겪다, 경험하다.
- It's just two people going out to dinner and not having sex. :
  ('going out' 과 'not having' 은 앞의 two people을 꾸며준다.)
- even : ~조차도
- sounds like = It sounds like : ~처럼 들리다. (보통 가주어 It를 빼고 말하기도 한다.)

take something well

유연하게 받아들이다

Chandler Sometimes I wish I was a lesbian. Did I say that out loud?

Chandler 가끔은 레즈비언이었으면 할 때가 있어. 아, 너무 크게 말했나?

Ross I told mom and dad last night, they seemed to **take it pretty well.**

Ross 나 어젯밤에 부모님께 사실대로 말했는데, 그냥 아무렇지도 않게 받아들이시는 것 같았어.

Monica Oh really,

Monica 아 정말?

Note

- 'take'의 여러 가지 뜻

❶ 먹다 : take medicine ❷ 무언가를 받다 : give and take / Take this gift.

❸ 상황을 인정하고 받아들이다 : to accept something

» 좋은 쪽으로 잘 받아들이다 = take something well

» 받아들이지 못하다, 거부하다 = do not take something well

Practice

❶ 그녀가 이 소식을 잘 받아들일 것 같아?

❷ 그녀가 꽤 받아들이는 것처럼 보였어.

❸ 네가 용납하지 못할 거라고 알았어.

❹ 나는 갑자기 회사에서 잘렸지만, 잘 받아들였어.

주요 장면 STUDY

Chandler Sometimes I wish I was a lesbian. Did I say that out loud?

Chandler 가끔은 레즈비언이었으면 할 때가 있어. 아, 너무 크게 말했나?

Ross I told mom and dad last night, they seemed to **take it pretty well**.

Ross 나 어젯밤에 부모님께 사실대로 말했는데, 그냥 아무렇지도 않게 받아들이시는 것 같았어.

Monica Oh really,

Monica 아 정말?

- I wish : ~한다면 좋겠다. (가정법으로 자주 쓰이는 표현)
- loud : 소리가 큰 (형용사) / 크게, 시끄럽게 (부사)
- last night : 어젯밤
- 주어 + seem to : 주어가 ~처럼 보이다.
- take it well : 그것을 아주 잘 받아들이다.
- pretty : 예쁜 (형용사) / 꽤, 아주 (부사)

for the best

잘된 일이다 (생각하는 것만큼 나쁘지 않다)

Phoebe I helped!

Phoebe 내가 고쳐줬어!

Monica Okay, look, this is probably **for the best**, you know? Independence. Taking control of your life. The whole, 'hat' thing.

Monica 좋아. 봐봐. 이게 오히려 잘된 일일 수도 있어. 이 참에 독립하는 거야. 네 인생을 사는 거야. 그냥 '모자' 같은 삶인 거지.

Note

- "for the best"는 부정적인 상황에 처했을 때 현재는 안 좋은 일인 것 같아 보이지만 궁극적으로는 더 좋은 (최선의) 결과를 낼 것이라는 표현으로, 힘든 상황에 처한 상대를 위로하거나 그 때는 상황이 좋아 보이지 않았으나 결국에는 긍정적인 결과로 이어진 자신의 경험을 설명할 때 쓸 수 있다.

Practice

1. 어쩌면 잘된 일인지도 몰라. 너 그 일 좋아하지도 않았잖아.
2. 길게 보면 오히려 잘된 일일거야. 뭔가 배웠잖아.
3. 돌이켜보니 오히려 그게 더 좋은 일이었어.
4. 버스를 놓쳤지만, 오히려 잘된 일이었어.

주요 장면 STUDY

Monica Just try to think of nice calm things.

Monica 그냥 좋거나 침착한 걸 생각해봐.

Phoebe Raindrops on roses and whiskers on kittens, bluebells and sleighbells and something with mittens. La la la something and noodles with string. These are a few. (노래 – My favorite things 중)

Rachel I'm all better now.

Rachel 완전 괜찮아졌어.

Phoebe I helped!

Phoebe 내가 고쳐줬어!

Monica Okay, look, this is probably **for the best**, you know?

Independence. Taking control of your life. The whole, 'hat' thing.

Monica 좋아. 봐봐. 이게 오히려 잘된 일일 수도 있어. 이 참에 독립하는 거야. 네 인생을 사는 거야. 그냥 '모자' 같은 삶인 거지. (앞서서 Rachel은 집에서 자라면서 자기 뜻대로 해본 적이 없다고 남들이 '신발'처럼 살라고 해도 나는 한 번쯤은 본인이 원하면 '모자로 살고 싶어'라고 한 말에서 참고.)

- try to ~ : ~를 시도하다
- nice : 좋은
- calm : 침착한, 차분한
- all : 모두 (대명사) / 모든(형용사) / 완전히, 최고의 (부사)
- probably : 아마도
- for the best : 잘된 일이다. 나쁘지 않다.
- independence : 독립
- take control of ~ : ~를 다루다, 지배하다.
- independence = taking control of your life. (명사형으로 맞춤)
- the whole ~ thing : 뒤편 <81강> 참조.

ask someone out

데이트를 신청하다

Ross He finally **asked you out**?

Ross 드디어 그 남자가 데이트 신청했니?

Monica Yes!

Monica 응!

- **ask out 데이트 신청을 하다.**

ask someone out (누구)에게 데이트 신청을 하다.

ask someone out for ~ (누구)에게 (어떤) 데이트 신청을 하다.

» ask someone out for dinner (누구)에게 저녁식사 데이트 신청을 하다.

» ask someone out for a date (누구)에게 (정식으로) 데이트 신청을 하다.

Practice

1. 너 그녀에게 데이트 신청했니?
2. 나 그녀에게 데이트 신청하고 싶어.
3. 데이트 신청할까?
4. 제가 저녁식사 데이트 신청해도 될까요?
5. 데이트 신청 먼저 해주셔서 감사합니다.

주요 장면 STUDY

Ross He finally **asked you out**?

Ross 드디어 그 남자가 데이트 신청했니?

Monica Yes!

Monica 응!

Chandler Ooh, this is a Dear diary moment.

Chandler 와, 이거 기억에 남길 만한 순간인걸?

- ask out : 데이트 신청하다.
- ask you out : 너에게 데이트 신청하다.
- Dear : 친애하는.
- Dear diary : 일반적으로 일기를 시작할 때 쓰는 문구
- Dear diary moment : 일기라도 써야 할 기념적인 순간.

What are you up to?

뭐 해? / 뭐 할 거야?

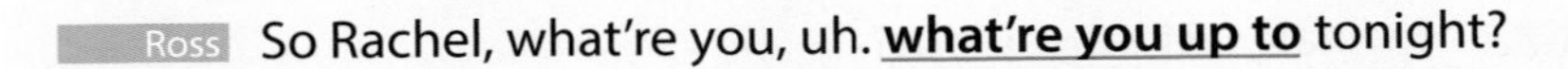

Ross So Rachel, what're you, uh. **what're you up to** tonight?

Ross 그래서 Rachel, 오늘 저녁에 뭐 해?

Rachel Well, I was kinda supposed to be headed for Aruba on my honeymoon, so nothing!

Rachel 글쎄, 원래는 신혼여행으로 Aruba 갔어야 했는데, 이제 꽝이네.

Note

- **What are you up to**? = **What's up**?
- **What are you up to** + (특정 시간)? = (특정 시간)에 뭐 해?

주의 편하고 일상적인 표현이기 때문에 격식을 차려야 하는 자리나 선배, 어른들과 함께 있는 자리에서는 잘 사용하지 않는다.

Practice

1 내일 뭐 해?

2 요즘에 뭐 해?

3 안 본 사이에 뭐 하고 지냈어?

4 (답변) 늘 똑같지 뭐.

5 (답변) 별거 안 해.

주요 장면 STUDY

Ross So Rachel, what're you, uh. **what're you up to** tonight?

Ross 그래서 Rachel, 오늘 저녁에 뭐 해?

Rachel Well, I was kinda supposed to be headed for Aruba on my honeymoon, so nothing!

Rachel 글쎄, 원래는 신혼여행으로 Aruba 갔어야 했는데, 이제 꽝이네.

- What are you up to : 뭐 해? / 뭐 할 거야?
- be supposed to : ~하기로 되어 있다, ~할 예정이다.
- kinda : 'kind of'를 줄여서 추임새로 많이 말한다.
- head for : ~로 향하다
- be headed for : ~로 향하다 (수동형으로 쓰이기도 한다.)
- Aruba : 카리브해에 위치해 있는 미국인들이 즐겨 찾는 휴양지 섬, Aruba Island
- on my honeymoon : 신혼여행으로 (특정 행사나 기념일은 'on' 사용함에 주의.)
- so : 그래서, (극중에서는) 결혼식을 망쳐서.

screw (up) something

~를 망치다

Ross You guys.

Ross 너희들이 있잖아.

Chandler Oh, God.

Chandler 세상에.

Joey **You got screwed.**

Joey 너 망했네.

Note

주의 일상적으로 it을 쓸 때는 'screw it up', 구체적으로 망친 일을 언급 할 때는 'screw up something'으로 어순이 달라진다.

- 구분!

screw (up) something. (상황을 망친 것)
got screwed be screwed. (주어가 망한 처지가 된 것)

Practice

1 너 망한 것 같아.

2 나 망했어?

3 나 미팅 망칠 거 같아.

4 제발 미팅 망치지 마.

5 나 안 망쳤어.

주요 장면 STUDY

Joey Ross, let me ask you a question. She got the furniture, the stereo, the good TV, What did you get?

Joey Ross, 하나 물어보자. 네 부인은 가구며, 스테레오며, 그 좋은 TV 까지 가져갔는데, 넌 뭘 갖고 나왔냐?

Ross You guys.

Ross 너희들이 있잖아.

Chandler Oh, God.

Chandler 세상에.

Joey **You got screwed.**

Joey 너 망했네.

Chandler Oh my God!

Chandler 그러게.

- let me : 내가 ~ 할게.
- ask a question : 질문하다.
- ask you a question : 너에게 질문하다.
- get : 얻다, 가져가다.
- You got screwed : 너 망했네.

be on one's own

홀로 서다

Rachel I know that. That's why I was getting married.

Rachel 알아. 그래서 결혼하려고 했던 거야.

Phoebe Come on, give her a break, it's hard **being on your own** for the first time.

Phoebe 너무 그러지 마. 생애 처음 홀로 서는 게 쉬운 일이 아니잖아.

Note

- 보통은 '독립적인 개체가 되다'(독립하다, 홀로 서다)라는 뜻으로 많이 쓰이지만, 글자 그대로 '혼자 있다'라고도 해석될 수 있다.

  i.e I am on my own this weekend. = 나 이번 주말에 혼자 있어.

Practice

1 너 홀로 설 나이가 되었어.

2 홀로 서기 하는 방법을 배워야 해.

3 나는 혼자 지내는 게 좋아.

4 나 이번 달 내내 혼자 있어.

주요 장면 STUDY

Monica Rachel, you can't live off your parents your whole life.

Monica 앞으로 계속 부모님한테 의지해서 살 수는 없다고.

Rachel I know that. That's why I was getting married.

Rachel 알아. 그래서 결혼하려고 했던 거야.

Phoebe Come on, give her a break, it's hard **being on your own** for the first time.

Phoebe 너무 그러지 마. 생애 처음 홀로 서는 게 쉬운 일이 아니잖아.

Rachel Thank you.

Rachel 고마워.

- live off someone : ~에 의지해서(~의 (경제적) 도움으로) 살다.
- whole life : 모든 인생을, 즉 인생 내내
- That's why ~ : 그게 내가 ~한 이유야.
- get married : 결혼하게 되다.
- be getting married : 결혼하려고 하다.
  - » I was getting married. : 결혼하려고 했었다.
- give a break : ~에게 기회를 주다, ~를 좀 봐주다.
- It's hard ~ : ~는 어렵다. 쉽지 않다. (주로 'to 부정사'나 '~ing' 가 온다.)
- be on your own : 너 스스로 홀로 서다.
- for the first time : 최초로

crash on ~

~에서 잠들다

Monica That's it. You're gonna **crash on** the couch?

Monica 그만, 소파에서 계속 잘 거야?

Ross No. No, I gotta go home sometime.

Ross 아니, 이따가 가야지.

Note

- crash = 충돌하다, 추락하다 / car crash : 교통사고
- 'crash on + 장소'는 해당 장소에 누워서 (길게 또는 짧게) 잠을 잔다는 의미로 쓰인다.

['go to sleep' vs. 'crash']

go to sleep = 시간이 돼서 자연스럽게 잠을 자다

crash = 너무 피곤해서 곯아떨어지다.

Practice

1 나 네 소파에서 자도 돼?

2 나 네 바닥에서 자도 돼?

3 나 너무 힘들어서 소파에서 잠들었어.

4 나 너무 취해서 바닥에서 잠들었어.

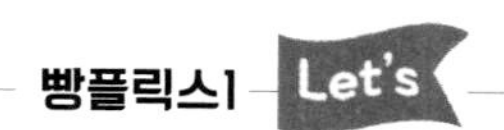

주요 장면 STUDY

Monica **That's it**. You're gonna **crash on** the **couch**?

Monica 그만, 소파에서 계속 잘 거야?

Ross No. No, I **gotta go** home **sometime**.

Ross 아니, 이따가 가야지.

Monica You'**d be** okay?

Monica 괜찮겠어?

Ross Yeah.

Ross 그럼.

- that's it : 그만, 충분해, 그것뿐이야.
- crash : 잠을 자다, 자고 가다
  (주로 미리 계획되지 않은 채로 갑자기 다른 사람의 집에서 자고 갈 때 쓰는 표현)
- crash on : ~에서 잠들다, 곯아떨어지다.
- couch : 긴 의자. 보통 일반 가정 거실에 있는 여러 사람이 앉을 수 있는 의자.
- gotta go : 가야 해. (전형적으로 많이 쓰는 표현.)
- sometime : 언젠가
- would be : ~ 할 것이다.

have a crush on someone

누군가를 좋아하다

Ross You know, you probably didn't know this, but back in high school, I **had a, um, major crush on** you.

Ross 그래. 있잖아, 아마 몰랐을 텐데, 고등학교 때, 너 엄청 좋아했었어.

Rachel I knew.

Rachel 알고 있었어.

- love > crush > like
- crush on someone = 누군가를 좋아하다.
- 강조할 때 같이 사용할 수 있는 표현:
  have a major (huge) crush on you. = 아주 많이 좋아하다.
- 활용 표현
  man-crush / girl-crush : 동성의 상대를 동경하는 것
  teen-crush : 10대 때 하는 사랑

Practice

1 나 너 좋아해.

2 그가 너를 좋아하는 것 같아.

3 나 수학 선생님을 (진짜) 좋아했었어.

4 모든 사람들은 BTS를 (아주) 좋아해.

주요 장면 STUDY

Rachel **Sorry.**

Rachel 앗 미안.

Ross **No, no, no, go, go.**

Ross 아니야, 아니야, 먹어, 먹어.

Rachel **No, Have it, really, I don't want it.**

Rachel 아니야, 먹어, 괜찮아.

Ross **Split it?**

Ross 나눠 먹을까?

Rachel **Okay.**

Rachel 그럴까?

Rachel **Thanks.**

Rachel 고마워.

Ross You know, you probably didn't know this, but back in high school, I **had a, um, major crush on** you.

Ross 그래. 있잖아, 아마 몰랐을 텐데, 고등학교 때, 너 엄청 좋아했었어.

Rachel **I knew.**

Rachel 알고 있었어.

- go : 계속 해. = go ahead ('go'는 꼭 '가라'는 뜻으로 쓰이지는 않는다.)
- split : 나누다, 가르다.
- back ~ : 과거로 되돌아보면
- have a crush on you : 너를 좋아하다.
- major : 주로, 심각하게

What's with ~ ?

~ 왜 그래?

Monica See you. Wait wait, hey, **what's with you**?

Monica 잘 가. 잠깐만, 잠깐만, 오빠 너 왜 그래?

Ross I just grabbed a spoon.

Ross 막 찾았어.

- **'What's up with you?'**

  1 이유를 물을 때 = "왜 그래? 무슨 일 있어?" (= What's with you?)

  2 안부를 물을 때 = "요즘 뭐 해? 잘 지냈어?" (= What's up?)

- **'What's with you?'**

  1 이유를 물을 때 = "왜 그래? 무슨 일 있어?"

  2 안부 인사 X

Practice

1 너 슬퍼 보여. 무슨 일 있어?

2 너 이상한데? 왜 그래?

3 걔 기분 좋아 보이네. 무슨 일 있어?

4 아빠, 엄마 화난 것 같은데. 둘 사이에 무슨 일 있어?

주요 장면 STUDY

Ross But do you think it would be okay if I asked you out? Sometime? Maybe?

Ross 근데, 언젠가 어쩌면, 너한테 데이트 신청해도 괜찮을까?

Rachel Yeah, maybe.

Rache 그래, 어쩌면.

Ross Okay, okay, maybe I will.

Ross 그래, 그래, 어쩌면 그럴게.

Rachel Goodnight.

Rachel 잘 자.

Ross Goodnight.

Ross 잘 자.

Monica See you. Wait wait, hey, **what's with you**?

Monica 잘 가. 잠깐만, 잠깐만, 오빠 너 왜 그래?

Ross I just grabbed a spoon.

Ross 막 찾았어. (전 장면에서 이혼한 Ross가 상심해하자 친구 Joey가 아이스크림도 종류가 많듯이 여자도 많다고 다른 여자 만나면 된다고 다른 아이스크림 먹듯이 힘내서 스푼을 잡으라고 비유적으로 한 말 참고)

- Do you think ~ : ~ 할까? (주로 상대방의 의향이나 생각을 물어볼 때)
- would be : ~할 것이다.
- it would be okay if ~ : 만약 ~ 한다면, 괜찮을 것이다.
- Do you think it would be okay if ~ : 만약 ~ 한다면, 괜찮을까?
- See you : 또 봐. (헤어질 때 잘 쓰는 표현.)
- What's with you? : 왜 그래?
- grab : 잡다.

be through with

끝내다, 끝맺이 하다

Phoebe Then I've already seen this one!

Phoebe 그럼 난 이거 이미 본 거나 다름없네.

Monica **Are you through with** that?

Monica 다 마신 거지?

Joey Yeah, sorry, the swallowing slowed me down.

Joey 응, 미안해. 삼키는 게 오래 걸려서.

Note

- '무엇인가를 끝내다' = I finished something.
  = I am done with something.
  = I am through with something.
- **Be through with (something)** : 일을 끝내다.
- **Be through with (food / drink)** : 음식이나 음료수를 다 먹다.
- **Be through with (a person / someone)** : ~와 관계를 끝내다. / 인연을 끊다.

Practice

1 일 끝나면 나한테 전화해.

2 나 아직 보고서 다 못 끝냈어.

3 너 그 커피 다 마신 거야?

4 나 그 사람이랑 헤어졌어.

5 나 너 이제 안 볼 거야.

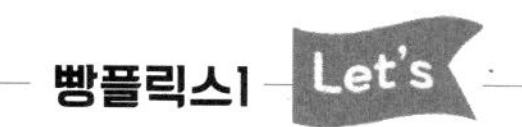

주요 장면 STUDY

Phoebe Then I've already seen this one!

Phoebe (옆의 Chandler가 TV 내용이 뻔하다고 말하자) 그럼 난 이거 이미 본 거나 다름 없네.

Monica **Are you through with** that?

Monica 다 마신 거지?

Joey Yeah, sorry, the swallowing slowed me down.

Joey 응, 미안해. 삼키는 게 오래 걸려서.

- already : 이미, 벌써
- Are you through with that ? : 그거 다 했어? / 다 마신 거야?
- swallow : 삼키다.
- swallowing : 삼킴
- slow down : 속도를 늦추다.
- slow me down : 나를 느릿느릿하게 만들다.

be involved

~에 관여하다 (연루되다)

Rachel Well now, how, how do you fit into this whole thing?

Rachel 그럼 이제 넌 이 상황에서 어떻게 되는 거야?

Ross Well, Carol says she and Susan want me to be involved, but if I'm not comfortable with it, I don't have to **be involved**, basically it's totally up to me.

Ross 글쎄, Carol 말로는 Susan도 그렇고 내가 이 일에 관여하기를 바라지만, 불편하면 그러지 않아도 된다고, 전적으로 나에게 달렸다고 하는데.

['be involved in' vs. 'be involved with']

be involved in something. = 어떠한 일에 관여하다, 연루되다. (행동, 일 등에 '참여'하는 것)

be involved with someone. = 어떠한 사람과 엮이다. (사람, 일 등과 '관계'를 맺는 것)

Practice

1 너 이 일이랑 관련 있어?

2 저도 이 프로젝트에 관여하고 싶습니다.

3 나는 너랑 엮이고 싶지 않아.

4 나는 이 회사와 수년간 일해왔습니다.

주요 장면 STUDY

빵 플 릭 스 1

Rachel Well now, how, how do you fit into this whole thing?

Rachel 그럼 이제 넌 이 상황에서 어떻게 되는 거야?

Ross Well, Carol says she and Susan want me to **be involved**, but if I'm not comfortable with it, I don't have to be involved, basically it's totally up to me.

Ross 글쎄, Carol 말로는 Susan도 그렇고 내가 이 일에 관여했으면 좋겠다는 데, 불편하면 관여 안 해도 된다고, 전적으로 나에게 달렸다고 하는데.

Phoebe She is so great! I miss her.

Phoebe 네 와이프 진짜 쿨하다. 갑자기 보고 싶네!

- fit into : 꼭 들어맞다, 끼워 맞추다, 해결하다.
- this whole thing : 이 (모든) 사태. / ~ 것
- want me to ~ : 내가 ~ 하기를 바라다.
- involve : 관련시키다, 연루시키다.
- be involved : ~에 관여하다, ~ 에 연루되다.
- comfortable : 편안한
- be comfortable with ~ : ~ 에 편안하다.
- basically : 기본적으로
- totally : 완전히, 전적으로
- be up to ~ : ~ 에게 달려 있다.
- miss : 그립다 , 보고 싶다.

have a thing for ~

~를 좋아하다

Mr. Geller Do you remember the Lugwins? The big one **had a thing for** you, didn't she?

Mr. Geller Lugwins 집안 기억나니? 그 집 큰 애가 너 정말 좋아했었지, 그치?

Mrs. Geller They all had a thing for him.

Mrs. Geller 모두가 재를 좋아했죠 뭐.

Note

• **have a thing for = have a crush on = have a thing about (같은 뜻)**

have a thing for : 모든 사물, 사람에 다 쓰는 표현

have a thing for someone : 사람을 열렬히 좋아하다.

have a thing for something : 사물이나 개념 등을 좋아하다. (관심을 넘어서 집착하는 경향)

주의 단, 'have a crush on'은 사람에게만 사용한다.

i.e I have a crush on my pen. X

Practice

1 나 너 굉장히 좋아해.

2 나 코미디 영화 굉장히 좋아해.

3 우리 오빠는 정장을 진짜 좋아해.

4 우리 옛날에 햄버거 진짜 좋아했었지.

주요 장면 STUDY

빵 플 릭 스 1

Mrs. Geller Mmm! What's that curry taste?

Mrs. Geller 세상에, 카레 맛이 나는데 뭐니?

Monica Curry.

Monica 카레요.

Mrs. Geller Mmmm!

Mrs. Geller 으음!

Ross I think they're great! I, I really do.

Ross 정말 맛있어요. 정말이요.

Mr. Geller Do you remember the Lugwins? The big one **had a thing for** you, didn't she?

Mr. Geller Lugwin 집안 기억나니? 그 집 큰 애가 너 정말 좋아했었지, 그치?

Mrs. Geller They all had a thing for him.

Mrs. Geller 모두가 쟤를 좋아했죠 뭐.

Ross Oh, Mom.

Ross 에이 엄마.

- I really do. = I really think they're great.
- the big one : 큰 애, 주로 '첫째 아이'를 의미한다.
- have a thing for : ~를 좋아하다.

take the heat off someone

~의 부담을 덜어주다

Monica I know this is going to sound unbelievably selfish on my part, but, were you planning on bringing up the whole baby / lesbian thing? Because I think it might **take some of the heat off me**.

Monica 내 입장에서 이 말 상당히 이기적으로 들릴 거 같긴 한데, 오빠 혹시 아기 얘기나 와이프가 레즈비언이었다는 얘기 꺼낼 생각 없어? 그러면, 내 부담이 좀 덜어질 것 같아서 말이야.

Note

- **take the heat off someone** : 관심이나 부담을 완전히 덜어주다.
- **take some (of the) heat off someone** : 관심이나 부담의 일부를 조금 덜어주다.
  - 'the heat'을 쓰면 해당 상황에 언급되고 있는 '특정한' 부담(이 되는 일)을 덜어주는 것으로 해석되고, 'some of the heat'을 쓰면 전체는 아니더라도 부담의 일부를 덜어준다는 뜻.
  - '부담'뿐만 아니라 특정 인물에게 쏟아지는 관심 또는 비난(heat 열기)을 덜어준다는 뜻으로도 해석될 수 있음.

Practice

1 내 부담 없애줄래?

2 네 부담 없애줄게.

3 나는 네 부담을 좀 덜어주고 싶었어.

4 네가 오면 내 부담이 좀 덜어질 것 같아.

주요 장면 STUDY

빵 플 릭 스 1

Monica I know this is going to sound unbelievably selfish on my part, but, were you planning on bringing up the whole baby / lesbian thing? Because I think it might **take some of the heat off me**.

Monica 내 입장에서 이 말 상당히 이기적으로 들릴 거 같긴 한데, 오빠 혹시 아기 얘기나 와이프가 레즈비언이었다는 얘기 꺼낼 생각 없어? 그러면, 내 부담이 좀 덜어질 것 같아서 말이야.

- unbelievably : 믿기 어려울 정도로
- selfish : 이기적인
- on my part : 내 딴에는, 내 입장에서는.
- plan on ~ : ~를 계획하다.
- be planning on : ~ 를 하려 하다.
- bring up : 불러일으키다, (화제를) 불쑥 꺼내다.
- take some of the heat off me : 내 부담 일부를 덜어주다.

What's that supposed to mean?

무슨 뜻이야?

Monica **What's that supposed to mean?**

Monica 무슨 말이 하고 싶으신 거예요?

Mrs. Geller Nothing! It's an expression.

Mrs. Geller 아무 뜻도 없단다. 그냥 그렇다는 뜻이야.

Note

- **be supposed to do something**은 '~하기로 되어 있다'는 뜻이지만 '**What's that supposed to mean**' 문장에서는 그렇게 직역되지 않고 '(방금 한 그 말이) 무슨 의미야? 무슨 의도로 하는 말이야?'라는 뉘앙스로 상대방이 한 말이 불편했을 때 불쾌한 감정을 전달하는 표현.

- '**What do you mean?**'이라고 물어도 되지만, '**Wh**at's that supposed to mean?'이 더 강력하게 불쾌함을 전달.

Practice

1 넌 이해 못 할 거야.

무슨 뜻이야?

2 네가 언니잖아.

무슨 뜻이야?

3 미안해. 이제 됐어?

무슨 뜻이야?

주요 장면 STUDY

Mrs. Geller What that Rachel did to her life, we ran into her parents at the club, they were not playing very well.

Mrs. Geller Rachel이 저지른 거 말이야. 골프장에서 걔네 부모님 만났는데, 골프 제대로 못 치시더라.

Mr. Geller I'm not gonna tell you what they spent on that wedding, but forty thousand dollars is a lot of money!

Mr. Geller 그 결혼식에 날려버린 돈 액수까지 구체적으로 말하지는 않겠지만, 4만 달러면 적은 돈은 아니지.

Mrs. Geller Well, at least she had the chance to leave a man at the altar.

Mrs. Geller 그래도 걔는 결혼식장 문턱에라도 가서 신랑이라도 차봤죠.

Monica **What's that supposed to mean?**

Monica 무슨 말이 하고 싶으신 거예요?

Mrs. Geller Nothing! It's an expression.

Mrs. Geller 아무 뜻도 없단다. 그냥 그렇다는 뜻이야.

Monica No it's not.

Monica 아니잖아요.

- run into : 우연히 마주치다.
- the club : 골프 클럽하우스
- spend on : ~에 돈을 써버리다.
- at least : 적어도
- have the chance to : ~ 할 기회를 가지다.
- altar : 제단, 미국에서는 주로 목사님을 모시고 결혼하므로, '결혼식장'이라는 의미로 쓴다.
- What's that supposed to mean? : 무슨 말이 하고 싶으신 거예요?
- expression : 표현

know what one is doing

무엇을 할지 정확히 알다(알아서 하다)

Joey Folks are really that bad, huh?

Joey 부모님 정말 대단하시다. 그치?

Ross Well, you know, these people are pros. They **know what they're doing**, they take their time, they get the job done.

Ross 그러게, 음, 이 양반들은 일종의 프로야. 무엇을 할지 정확히 알고, 시간을 끌다가, 결국엔 뜻대로 쟁취하시지.

Note

- 보통 '**know what one is doing**'은 자신이 하는 일에 대해 확실한 계획, 지식, 능력 등이 있다는 의미로 쓰이지만 뉘앙스에 따라 '알아서 하다'라는 뜻으로도 쓰임. (상황에 따라 맞춰서 해석)

  i.e I know what I'm doing. :

  1 내가 할 일을 명확히 알아. 2 내가 알아서 할 게.

Practice

1 그녀가 무슨 일을 해야 할지 알았으면 좋겠어.

2 내가 뭐 하는지 모르겠어.

3 걱정 마. 내가 알아서 할 게.

4 놔둬. 그가 알아서 하겠지.

주요 장면 STUDY

Joey Folks are really that bad, huh?

Joey 부모님 정말 대단하시다. 그치?

Ross Well, y'know, these people are pros. They **know what they're doing**, they take their time, they get the job done.

Ross 그러게, 음, 이 양반들은 일종의 프로야. 무엇을 할지 정확히 알고, 시간을 끌다가, 결국엔 뜻대로 쟁취하시지.

- folks : 사람들, 여기서는 '너희 부모님'을 지칭.
- that : 그렇게, 너무
- pro : 프로 (선수)
- pros : professionals의 줄임말
- know what they're doing : 무엇을 할지 정확히 알다.
- take one's time : 서두르지 않다, 천천히 하다, 시간을 들이다.
- get the job done get + 사물 + p.p : ~ 되게 하다. (사역 동사)

be stuck at ~

~에 막히다

Ross Hi, Sorry I'm late, I **got stuck at** work. There was this big dinosaur thing, anyway.

Ross 미안, 늦었지. 일이 늦게 끝나서. 그 큰 공룡 일 있잖아. 아무튼.

Susan Hi.

Susan 안녕하세요.

Note

- 'stick (달라)붙다'라는 뜻으로 'be stuck'은 의도치 않게 무언가에 붙어서 옴짝달싹 못 하는 상황을 의미한다.
- 'be stuck at / in ~'는 보통 어떤 장소, 상황에 막히거나 갇힌 경우에, 'be stuck with'는 (원치 않는) 인물과 함께 있어야만 하는 상황을 표현할 때 쓴다.
- be stuck in / at = 상황이나 장소에 갇혀 있다, 막혀 있다.
- be stuck with = 어떤 사람과 붙어 있다. 같이 있다.

Practice

1 교통 체증에 막혀 있었어.

2 차가 눈길에 막혔어.

3 나 1장에서 못 넘어가고 있어.

4 너 좋으나 싫으나 그 상사와 붙어 있어야 해.

주요 장면 STUDY

Ross Hi, Sorry I'm late, I **got stuck at** work. There was this big dinosaur thing, anyway.

Ross 미안, 늦었지. 일이 늦게 끝나서. 그 큰 공룡 일 있잖아. 아무튼.

Susan Hi.

Susan 안녕하세요.

Carol Ross, you remember Susan.

Carol Ross, Susan 기억하지?

Ross How could I forget?

Ross 어떻게 잊겠어?

Susan Ross.

Susan Ross, 안녕하세요.

Ross Hello, Susan. Good shake. Good shake.

Ross 안녕 Susan, 뭐 이렇게 악수까지.

- be / get stuck at work : 일에 붙잡히다, 일이 늦게 끝나다.
- dinosaur : 공룡
- ~ thing : ~같은 거.
- good shake : 제대로 된 악수 - 어색한 상황에서 악수를 제대로 하는 상황을 민망하게 표현.

be supportive (of someone)

~를 응원하다 (도움을 주다)

Ross She? Of course, she! she, uh, familiar with our special situation?

Ross 여자? 아 그렇지, 당연하지 여자! 음, 그녀가 그럼 우리의 이 특이한 상황에 대해 이해하셔?

Carol Yes, and **she's very supportive**.

Carol 응, 선생님은 많이 응원해주고 있는걸.

Note

- 'support'는 단순히 마음, 말 등으로 응원하는 것부터 재정적으로 지원하는 것까지 폭넓은 상황에서 쓸 수 있는 단어이지만 'supportive'로 사용할 때는 '응원하다' 또는 '지지하다'로 만 해석된다.

['support' vs. 'be supportive']

support : 1 정치적 견해를 지지하다. 2 누군가를 재정적으로 지원하다.
3 정신적으로 응원하다. 마음으로 지지하다.

- be supportive : 1 재정적으로 지원하다 X 2 마음을 담아서 응원하다, 지지하다. O
- be supportive of someone : 구체적으로 지지하는 사람을 표시할 때

Practice

1 우리 부모님은 나를 열렬히 응원해주셔.

2 나를 지지해주셔서 감사합니다.

3 한 번만 나를 좀 응원해줄 수 없어?

4 무슨 일이 있어도, 나는 늘 너를 응원할거야.

주요 장면 STUDY

Ross **So, uh, we're just waiting for?**

Ross 그래서, 우리가 지금 기다리는 사람이?

Carol **Dr.Oberman.**

Carol Oberman 의사 선생님이야.

Ross **Dr.Oberman. Okay. And is he,**

Ross Oberman 선생님. 그래. 그 남자 분은.

Susan **She!**

Susan 여자 분이셔!

Ross **She? Of course, she! she, uh, familiar with our special situation?**

Ross 여자? 아 그렇지, 당연하지 여자! 음, 그녀가 그럼 우리의 이 특이한 상황에 대해 이해하셔?

Carol **Yes, and she's very supportive.**

Carol 응, 선생님은 많이 응원해주고 있는걸.

Ross **Great! Okay, that's great.**

Ross 아 그래, 그거 잘됐네.

- be familiar with ~ : ~ 에 낯익다. ~을 잘 알다.
- situation : 상황
- She's very supportive. : 선생님이 아주 많이 응원해주고 있어.

be on the table

의논의 대상이 되다

Ross It's funny, um, uh, we agreed we'd spend the rest of our lives together. Things change, roll with the punches. I believe **Julia's on the table**?

Ross 재밌네요. 우리는 평생 함께 살기로 정했는데도 상황이 바뀌어서 바로 달라졌는데요. Julia 이름도 고려해볼 거지?

Note

- 'put something on the table'은 어떠한 주제, 제안 등을 의논의 대상으로 (능동적으로) 언급하는 것, 'be on the table'은 (수동적으로) 의논의 대상이 되고 있는 것.
  [반대로 'put / be off the table'은 더 이상 의논의 대상이 되지 않는 상황을 말함.]
- put (something / a topic) on the table : 의논할 대상으로 주제를 가져오다.
- be on the table : 의논의 대상이 되다. 고려 대상이 되다.
- be / put off the table : 의논이나 고려의 대상이 되지 않다.

Practice

1 저의 이 제안을 고려해보시겠습니까?

2 네, 당신의 제안을 고려해보겠습니다.

3 그 주제는 이제 의논하지 않기로 했잖아요.

4 죄송하지만 그 문제는 이제 고려 대상이 아닙니다.

주요 장면 STUDY

Ross Ok, ok! How about with the, uh, the baby's name?

Ross 아기 이름은 어떻게 할까?

Carol Marlon!

Carol Marlon으로 할 거야.

Ross Marlon?

Ross Marlon이라고?

Carol If it's a boy, Minnie, if it's a girl.

Carol 응, 남자 아이면. 여자 아이면 'Mininie'라고 하려고.

Ross As in Mouse?

Ross '마우스'에서 따온 거야?

Carol As in my grandmother.

Carol 아니, 우리 할머니 이름에서 따온 거야.

Ross Still, you, you say Minnie, you hear Mouse. Um, how about, um, how about Julia?

Ross 근데 말야, 'Minnie'라고 하면 왠지 'Mouse'가 생각나지 않아? 그냥 'Julia'는 어때?

Carol Julia?

Carol Julia라고?

Susan We agreed on Minnie.

Susan 우리끼리 이미 'Minnie'라고 정했다고요.

Ross It's funny, um, uh, we agreed we'd spend the rest of our lives together. Things change, roll with the punches. I believe Julia's on the table?

Ross 재밌네요. 우리는 평생 함께 살기로 정했는데도 상황이 바뀌어서 바로 달라졌는데요. Julia 이름도 고려해볼 거지?

- How about with ~ : ~에 대해서 생각해볼까?
- as in ~ : ~의 경우에서와 같이, ~에서 따온
- roll with the punches : 상황에 따라 달라지다. 적응하다.
- ~ be on the table : ~고려해보다.

well up

울먹거리다

Ross Monica. What do you think?

Ross Monica, 어떠니?

Ross **Are you welling up?**

Ross 지금 우는 거야?

- well : 1 우물, 샘. 2 울컥하다, 울먹거리다, 눈물이 차다.

['well up' vs. 'cry']

- 'Well up'는 울음이 터지기 바로 전 단계로 어떠한 감정이 솟구쳐서 '눈물이 차오르다,' '눈물이 맺히다' 정도의 표현인 반면 'cry'는 그 단계를 넘어 울음이 터진 것을 의미한다.
- well up : (울컥 감정이 올라와서 울음이 터지기 직전) 울먹거리다.
- cry : 감정적으로 터져서 엉엉 울다.

Practice

1 너 눈에 눈물이 차올랐어.

2 너의 편지가 나를 눈물 나게 했어.

3 너가 걔를 울게 만들었어.

4 이 드라마가 너무 감동적이어서 나를 눈물 나게 만들었어.

주요 장면 STUDY

Phoebe	You know, if you tilt your head to the left, and relax your eyes, it kinda looks like an old potato.
Phoebe	있지, 머리를 왼쪽으로 기울이고 눈에 힘을 빼고 보면, 푹 퍼진 감자 같아.
Ross	Then don't do that, alright?
Ross	그러면, 그렇게 보지 마. 알았지?
Phoebe	Okay!
Phoebe	그래.
Ross	Monica. What do you think?
Ross	Monica, 어떠니?
Monica	Mm-hmm.
Monica	음.
Ross	**Are you welling up?**
Ross	지금 우는 거야?
Monica	No.
Monica	아니.
Ross	You are, you're welling up.
Ross	그렇네. 지금 울컥했자나.
Monica	I am not!
Monica	아니라니까!
Ross	You're gonna be an aunt.
Ross	곧 고모 되겠네.
Monica	Oh shut up!
Monica	그만 좀 해!

- tilt : 기울이다
- old potato : 오래 된 감자, 푹 퍼진 감자.

good for me

(나에게) 잘됐다, 다행이다

Rachel Alright, don't tell me, don't tell me! Decaf cappucino for Joey, Coffee black, Latte, And an iced tea. I'm getting pretty good at this!

Rachel : 좋아, 자 아무 말도 하지 마, 가만 있어봐. Joey는 카페인 없는 카푸치노고 , 블랙커피는 여기, 라테는 여기, 그리고 아이스티는 이쪽. 나 점점 능숙해지는 것 같아!

All Yeah. Yeah, excellent!

All 그럼, 그럼, 훌륭해!

Rachel **Good for me!**

Rachel 좋았어, 아싸!

Note

- 'good for me'가 '(나에게) 잘됐다'인 것 같이 'good for you'도 원래는 누군가에게 좋은 일이 생겼을 때 '(너에게) 잘됐다'라고 축하해주는 말로 쓰임.

  주의 뉘앙스를 달리하면 비꼬는 표현("그래, 너 잘났다")이 될 수도 있으므로 어투에 주의.

- good for someone : ~에게 잘됐다.
- good for you : 1 너한테 잘됐다. 2 그래 너 잘났다. (약간 비꼬는 표현)

Practice

1. 이거 너에게 정말 좋은 일이다.

2. 나에게 좋은 일인지 잘 모르겠어.

3. 그 사람 잘됐네(비꼬는 표현).

4. 우와, 잘됐네(그래 너 잘났다).

주요 장면 STUDY

빵 플 릭 스 1

Rachel Alright, don't tell me, don't tell me! Decaf cappucino for Joey, Coffee black, Latte, And an iced tea. I'm getting pretty good at this!

Rachel 좋아, 자 아무 말도 하지 마, 가만 있어봐. Joey는 카페인 없는 카푸치노고, 블랙커피는 여기, 라테는 여기, 그리고 아이스티는 이쪽. 나 점점 능숙해지는 것 같아!

All Yeah. Yeah, excellent!

All 그럼, 그럼, 훌륭해!

Rachel **Good for me!**

Rachel 좋았어, 아싸!

- decaf : 카페인이 들어가 있지 않은, 디카페인
- be good at ~ : ~ 에 능숙하다.
- be getting good at ~ : ~ 에 능숙해지고 있다.
- Good for me : 잘했어! 아싸!

figure something out

~를 알아내다

Chandler What are you talking about? We love Schteve! Schteve was schexy!.. Sorry.

Chandler 무슨 소리야. 우리가 얼마나 슈우티브를 좋아했는데. 슈우티브는 쉑쉬했잖아. 아 미안.

Monica Look, I don't even know how I feel about him yet. Just give me a chance to **figure that out**.

Monica 근데, 내가 이 사람을 좋아하는지 아닌지도 아직 모르겠어.

Note

['find out' vs. 'figure out']

- 'find out'은 'discover, be informed'와 비슷한 표현으로 모르고 있었던 사건, 이야기 등을 '알게 되는' 것을 뜻하는 반면 'figure out'은 수동적으로 / 자연스레 알게 되는 것이 아닌 고민하는 과정을 통해 어떤 의미, 진실 등을 능동적으로 '알아내는' 것을 뜻함.

- **find out** : 수동적으로 어떤 사실을 알게 되는 의미. **discover something**.

  i.e I found out that I have a test this morning.

- **figure out** : 곰곰이 생각해서 알게 되는 의미.

  i.e I just couldn't figure out why you are upset.

Practice

1 나 드디어 알아냈어!

2 (아무리 생각해도) 나는 도저히 모르겠어.

3 내가 뭘 할 때 가장 행복한지 고민 중이야.

4 그건 네가 스스로 찾아내야지.

주요 장면 STUDY

빵 플 릭 스 1

Joey When do we get to meet the guy?

Joey 그 남자 언제 소개시켜줄 거야?

Monica Let's see, today's Monday, Never.

Monica 가만있자, 오늘이 월요일이니까, 안 돼.

All Oh, come on! Come on!

All 아 뭐야. 제발!

Monica No. Not after what happened with Steve.

Monica 안 돼. Steve 때처럼 되면 안 되잖아.

Chandler What are you talking about? We love Schteve! Schteve was schexy!.. Sorry.

Chandler 무슨 소리야. 우리가 얼마나 슈우티브를 좋아했는데. 슈우티브는 쉑쉬했잖아. 아 미안.

Monica Look, I don't even know how I feel about him yet. Just give me a chance to **figure that out**.

Monica 근데, 내가 이 사람을 좋아하는지 아닌지도 아직 모르겠어.

Rachel Well, then can we meet him?

Rachel 그 다음엔 소개시켜줄 거야?

Monica Nope. Schorry.

Monica 아니! 쏴아리.

- give me a chance to ~ : ~ 할 기회를 주다.
- figure that out : 그것을 알아내다.

take the first shot

첫 주자가 되다

Monica Okay. Okay, let's let the Alan-bashing begin. Who's gonna **take the first shot**, hmm?

Monica 자, 이제 Alan에 대해 이러쿵저러쿵해봐. 누가 먼저 할래?

Monica C'mon!

Monica 어서!

Ross I'll go. Let's start with the way he kept picking at, no, I'm sorry, I can't do this, can't do this. We loved him.

Ross 내가 할게. 깨작거리면서 먹는 모습부터 시작해볼까? 미안. 못 하겠다. 그 친구 너무 좋았거든.

Note

- **take a shot** = 무언가를 시도를 하다 (**try something**)
- **take the first shot** = 첫 시도를 하다 (첫 발을 먼저 내딛다)

Practice

1 나는 정말 먼저 하기 싫어.

2 네가 먼저 할래?

3 첫 번째로 나서는 건 절대 쉬운 일이 아니야.

4 너는 첫 번째로 나설 정도로 용감했어.

주요 장면 STUDY

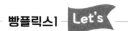

Monica Okay. Okay, let's let the Alan-bashing begin. Who's gonna **take the first shot**, hmm?

Monica 자, 이제 Alan에 대해 이러쿵저러쿵해봐. 누가 먼저 할래?

Monica C'mon!

Monica 어서!

Ross I'll go. Let's start with the way he kept picking at, no, I'm sorry, I can't do this, can't do this. We loved him.

Ross 내가 할게. 깨작거리면서 먹는 모습부터 시작해볼까? 미안. 못 하겠다. 그 친구 너무 좋았거든.

All (We) Loved him!

All 너무 좋았어!

- bashing : 비난, 공격
- the Alan-bashing : 남자친구 Alan에 대해 이러쿵저러쿵하는 말.
- take the first shot : 첫 번째로 하다.
- keep ~ing : 계속 ~하다.
- pick at ~ : 깨작거리면서 먹다.

If only ~

~하다면 참 좋을 텐데

Rachel God, he's good.

Rachel 아 정말 멋진 사람이야.

Ross **If only** he were a woman.

Ross 그가 여자이기만 했어도.

- 현실에서 일어나는 일이 아닌, 소망하는 일에 대한 상상 / 가정을 나타내는 표현이기 때문에 **I / he / she**에도 '**was**'가 아닌 '**were**'을 사용한다.
- **He was a woman.** : 그는 여자였다. (기정 사실)
- **If he were a woman.** : 그가 여자였다면. (현실이 아닌 상상, 가정)
- **If only + he were / she were / I were ~** : ~이기만 했어도. (현실이 아닌 상상, 가정)

Practice

1 그녀가 말수가 적었다면 참 좋을 텐데.

2 그가 조금만 더 친절하다면 참 좋을 텐데.

3 내가 조금만 더 키가 컸다면 좋을 텐데.

4 내가 조금만 덜 바쁘면 좋을 텐데.

주요 장면 STUDY

빵 플 릭 스 1

Chandler Oh, she told you about that, huh. Well, yeah, I have one now and then. Well, yeah, now. Well, it's not that, well, that's true, Gee, you know, no one, no one's ever put it like that before. Well, okay, thanks!

Chandler 아, Monica가 얘기했구나. 응, 가끔씩 피워. 응, 지금도 피우고 있고. 아니 뭐 그 정도는 아니고. 그래, 맞는 말이지. 아, 전에는 아무도 그렇게 얘기해준 사람이 없었는데. 그래, 고마워.

Rachel God, he's good.

Rachel 아 정말 멋진 사람이야.

Ross **If only** he were a woman.

Ross 그가 여자이기만 했어도.

Rachel Yeah.

Rachel 그러게.

- now and then : 가끔, 때때로
- put it : 말하다, 표현하다.
- put it like that : 그렇게 표현해주다. 말해주다.
- If only he were a woman : 그가 여자이기만 했어도.

What's up with ~ ?

~는 왜 그래?

All You're kidding. Oh my God.

All 정말? 세상에.

Phoebe And on my way over here, I stepped in gum. **What is up with the universe?**

Phoebe 응 근데, 여기 오는 길에 껌을 밟아버렸어. 세상이 왜 이 모양이지?

Note

- 'What's with ~'는 해당 인물(대상)의 현재 상태, 행동 등에 대한 이유를 궁금해하는 뉘앙스의 '왜 그래?'라면, 'what's up with ~'는 '왜 그러는 거야', '왜 그 모양이야'와 같이 불만을 나타내는 뉘앙스로 많이 쓰인다.
- What's with you? = What happen to you? = 왜 그래? 그렇게 행동하는 이유가 뭐야?
- What's up with ~ ? = 도대체 왜 그래? (그냥 불만을 나타내는 뉘앙스)

Practice

1. 다들 왜 그래?
2. 너 차한테 왜 저런 거야?
3. 네 친구들은 왜 그래?
4. 오빠들은 왜 그래?
5. 여동생들은 왜 그래?

주요 장면 STUDY

빵 플 릭 스 1

Phoebe You know, those stupid soda people gave me seven thousand dollars for the thumb.

Phoebe 있잖아, 그 멍청한 소다 회사에서 7,000불을 배상해주겠다잖아.

All You're kidding. Oh my God.

All 정말? 세상에.

Phoebe And on my way over here, I stepped in gum. **What is up with** the universe?

Phoebe 응 근데, 여기 오는 길에 껌을 밟아버렸어. 세상이 왜 이 모양이지?

- soda : 탄산음료, 소다수
- thumb : 엄지손가락
- on my way : ~로 가는 길에
- step in : 밟다, 어려운 상황에 발을 들여놓다.
- What is up with the universe? : 세상이 왜 이 모양이지?

break up

헤어지다 (결별하다)

Monica Oh, man, there's really no easy way to say this. uh, I've decided to **break up with** Alan.

Monica 아, 이런 말 하기가 쉽지는 않은데, 나 Alan 하고 헤어지기로 결심했어.

Ross Is there somebody else?

Ross 다른 누군가가 생긴 거야?

Note

- 'break'은 무언가를 '부수다, 깨다'라는 의미로 'break up'은 '연인 사이의 관계를 깨다'의 의미가 된다.
- 비슷한 맥락으로 'split up' 또한 같은 뜻이다 (결별하다, 각자의 길을 가다).

Practice

1 우리는 절대 안 헤어질 거야.

2 우리 헤어지는 게 좋을 거 같아.

3 너 사람이랑 헤어졌어?

4 우리 헤어진 지 좀 오래됐어.

주요 장면 STUDY

빵 플 릭 스 1

Monica Oh, man, there's really no easy way to say this. uh, I've decided to **break up with** Alan.

Monica 아, 이런 말 하기가 쉽지는 않은데, 나 Alan 하고 헤어지기로 결심했어.

Ross Is there somebody else?

Ross 다른 누군가가 생긴 거야?

Monica No, no, no, it's just, you know, things change. People change.

Monica 아니, 아니. 그냥 왜 상황이란 게 변하자나. 사람도 변하고.

Rachel We didn't change.

Rachel 우리는 변한 적 없는데.

- have decided to ~ : ~ 하기로 하다.
- break up with ~ : ~ 와 헤어지다.

can't stand ~

~를 견딜 수가 없다

Monica Relieved?

Monica 안심이 된다고요?

Alan Yeah, well, I had a great time with you. I just **can't stand** your friends.

Alan 네, 그게 당신하고는 정말 좋았지만, 당신 친구들 때문에 진짜 힘들었어요.

Note

- 'stand'라는 단어는 흔히 아는 '서다' 이외에 '견디다, 참다'라는 의미가 있다.
  따라서 'can't stand ~'라고 하면 '무언가를 견딜 수가 없을 만큼 싫어한다'는 표현이 된다.

  i.e can't stand something : ~을 견딜 수가 없다.
  I can stand it. : 참을 수 있을 거 같아. 견딜 수 있을 거 같아.

Practice

1 나는 바퀴벌레는 정말 견딜 수가 없어.

2 나는 냄새나는 지하철을 참을 수가 없어.

3 나는 너의 태도를 참을 수가 없어.

4 나는 너의 말을 참을 수가 싫어.

주요 장면 STUDY

aAlan Wow.

Alan 아.

Monica I'm, I'm really sorry.

Monica 정말 미안해요.

Alan Yeah, I'm sorry too. But, I gotta tell you, I am a little relieved.

Alan 그래요. 나도 미안해요. 솔직히 말해야겠어요. 약간 안심이 되긴 해요.

Monica Relieved?

Monica 안심이 된다고요?

Alan Yeah, well, I had a great time with you. I just **can't stand** your friends.

Alan 네, 그게 당신하고는 정말 좋았지만, 당신 친구들 때문에 진짜 힘들었어요.

- be relieved : 안도가 되다. 안심이 되다.
- have a great time : 좋은 시간을 보내다.
- can't stand with ~ : ~ 를 못 견디다, 힘들다.

have a rough day

힘든 하루를 보내다

Ross **You had a rough day**, huh?

Ross 오늘 하루 힘들었겠구나, 그치?

Monica Oh, you have no idea.

Monica 오빠는 상상도 못 해.

Ross Come here.

Ross 이리 와.

- **rough**

1 표면이 거친 - This sweater is very rough.
2 완성되지 않은 - a rough draft / a rough design (초안)
3 험난한 (not easy) - This is a rough task. / a rough day

Practice

1 오늘 하루 되게 힘들었어?

2 오늘 하루 너무 힘들었어.

3 그는 힘든 하루를 보내고 있는 거 같아.

4 오늘 하루 바빴어?

5 오늘은 비교적 수월했어.

주요 장면 STUDY

Ross So how did it go?

Ross 어떻게 됐어?

Monica Oh, you know.

Monica 그냥 뭐.

Phoebe Did he mention us?

Phoebe 우리 얘기도 해?

Monica He said he's really gonna miss you guys.

Monica 너희들 엄청 보고 싶을 거래.

Ross **You had a rough day**, huh?

Ross 오늘 하루 힘들었겠구나, 그치?

Monica Oh, you have no idea.

Monica 오빠는 상상도 못 해.

Ross Come here.

Ross 이리 와.

- How did it go? : 어떻게 됐어?
- go : 보통 '가다'라는 의미이지만, 회화에서는 '진행되다, 지내다'라는 의미로 주로 쓰인다.
- mention : 언급하다, ~에 관해 말하다.
- miss : 그리워하다.
- have a rough day : 힘든 하루를 보내다.

nod off

(깜박) 졸다

Monica Would you look at her? She is so peaceful.

Monica 얘 좀 봐봐. 어쩜 이렇게 평화로워?

Phoebe Oh! What! What! What! Hi!

Phoebe 아, 뭐! 뭐! 뭐! 어머나 안녕!

Ross It's okay, you know, you just **nodded off** again.

Ross 괜찮아, 그냥 너 잠깐 졸았을 뿐이야.

- **nod** (고개를 끄덕이다) + **off** (전원을 끄다)

  = nod off : 끄덕이면서 잠을 자다

Practice

1. 나는 점심 직후에 항상 졸아.
2. 나 수업 시간에 항상 졸았어.
3. 제가 얘기할 때는 졸지 말아주세요.
4. 당신의 목소리가 날 졸게 만들어요.

주요 장면 STUDY

Monica Would you look at her? She is so peaceful.

Monica 얘 좀 봐봐. 어쩜 이렇게 평화로워?

Phoebe Oh! What! What! What! Hi!

Phoebe 아, 뭐! 뭐! 뭐! 어머나 안녕!

Ross It's okay, you know, you just **nodded off** again.

Ross 괜찮아, 그냥 너 잠깐 졸았을 뿐이야.

Monica What's going on with you?

Monica 왜 그래?

Phoebe I got no sleep last night!

Phoebe 어젯밤에 잠 한숨도 못 잤거든.

Ross Why?

Ross 왜?

Phoebe My grandmother has this new boyfriend, and they're both kind of insecure in bed, so and deaf!

Phoebe 할머니가 새 남자친구가 생겼는데, 침대에서 좀 불안하시더라고. 귀 떨어지는 줄 알았거든!

- nod off : 깜박 졸다.
- get no sleep : 잠을 못 자다.
- insecure : 불안정한
- deaf : 귀가 먹은, 난청인 (소음으로 난청이 된)

way too much

너무 많은

Joey Ninety-five, ninety-six, ninety-seven. See, I told you! Less than a hundred steps from our place to here.

Joey 95, 96, 97. 거봐, 내가 그랬잖아. 우리 집에서 100 걸음도 안 된다고.

Chandler You got **way too much** free time.

Chandler 너 시간 참 많구나.

Note

- 보통 강조 단어로 **too(too much, too little)**를 사용하지만 **too much, too little** 를 더 강조하고 싶을 때는 앞에 **way**를 붙여준다.

  i.e way too much, way too little
  - 대화할 때는 way 말 길이에 따라 강조 정도가 달라진다.

Practice

1 나 요즘 일이 너무 많아.

2 너는 너무 말이 많아.

3 저 사람은 밥을 너무 많이 먹어.

4 그는 밥을 너무 적게 먹어.

5 이 블라우스는 너무 비싸!

6 이 바지는 나한테 사이즈가 너무 커.

주요 장면 STUDY

Joey Ninety-five, ninety-six, ninety-seven. See, I told you! Less than a hundred steps from our place to here.

Joey 95, 96, 97. 거봐, 내가 그랬잖아. 우리 집에서 100 걸음도 안 된다고.

Chandler You got **way too much** free time.

Chandler 너 시간 참 많구나.

- I told you : 내가 그랬잖아
- less than ~ : ~ 보다 적은
- from A to B : A에서 B까지
- way : 보통 회화에서 '길'이라는 의미보다는 '뒤의 표현을 더욱 강조할 때' 사용해준다.
- way too much : 너무 많은

I'm guessing ~

아마도 ~인 것 같다

Joey So?

Joey 근데?

Ross So, **I'm guessing** you had an extra ticket and couldn't decide which one of you got to bring a date? uh?

Ross 뭐 티켓 한 장 남아도는데 너네 둘 중 누가 데이트할 사람 데리고 올지 못 정해서 그러는 것 같다는 느낌이 들어서 말이야.

Note

['I guess' vs. 'I'm guessing']

둘 다 'guess'라는 단어를 써서 '추측하다' '생각, 짐작하다'라는 뜻이지만 'I guess'는 조금 더 확신을 가지고 결론을 내리는 경우에, 'I'm guessing'은 그보다 불확실한 정도가 강한 경우에 사용한다.

i.e I guess he won't come. : 그는 안 올 건가봐. (안 올 것이라고 어느 정도 결론을 내린 것)
I'm guessing he won't come. : 내 생각엔 그는 안 올 것 같아. (확실하지는 않지만 추측하는 것)

Practice

1 이거 네가 만든 것 같은데?

2 너 요즘 운동 하나봐?

3 너 배고프겠다.

4 너 힘든 하루를 보낸 것 같다.

주요 장면 STUDY

Joey Hey! Here's the birthday boy! Ross, check it out, hockey tickets, Rangers-Penguins tonight at the Garden, and we're taking you.

Joey 야 여기 오늘 생일의 주인공이 있네. 봐봐. Ross, 오늘 밤 Madison Square Garden에서 Rangers 대 Penguins 아이스하키 티켓이 있거든. 너 데려가려고.

Chandler Happy birthday, pal!

Chandler 생일 축하한다, 친구야!

Joey We love you, man.

Joey 사랑하는 거 알지?

Ross Ha Ha Ha, It's funny, my birthday was seven months ago.

Ross 좀 웃긴 게, 내 생일은 7개월 전이었는데.

Joey So?

Joey 근데?

Ross So, **I'm guessing** you had an extra ticket and couldn't decide which one of you got to bring a date? uh?

Ross 뭐 티켓 한 장 남아도는데 너네 둘 중 누가 데이트할 사람 데리고 올지 못 정해서 그러는 것 같다는 느낌이 들어서 말이야.

- Rangers-Penguins : New York Rangers 팀 대 Pittsburgh Penguins 팀의 하키 게임.
- the Garden : Madison Square Garden (실내 경기나 콘서트가 열리는 맨하튼에 위치한 경기장)
- pal : 동료, 친구
- I'm guessing : 아마 ~인 것 같다.
- extra : 남는

I'd better ~

~하는 게 좋을 것 같다

Joey You told your sister that?

Joey 여동생한테 그런 거까지 말했다고?

Ross Believe me, I told everyone. You know what, **I'd better** pass on the game. I think I'm just gonna go home and think about my ex-wife and her lesbian lover.

Ross 모두에게 다 말했어. 있잖아, 나 오늘 경기 안 가는 게 좋을 것 같아. 집에 가서 전 부인하고 그 동성 애인에 대해 생각 좀 해봐야겠어.

Note

- I'd **better** : ~하는 게 좋을 거 같아.
- You'd **better** ~ : ~하는 게 좋을 거야. (경고)

Practice

1. 나 이제 그만 자는 게 좋을 것 같아.
2. 나 뭐 좀 먹어야 될 것 같아.
3. 나 오늘은 집에 있는 게 좋을 것 같아.
4. 너 늦지 않는 게 좋을 거야.
5. 너 그만 징징대는 게 좋을 거야.

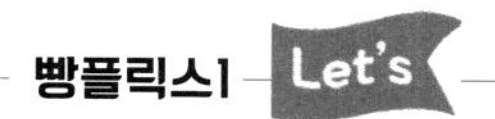

주요 장면 STUDY

Ross Oh my God, oh, is today the twentieth, October twentieth?

Ross 세상에, 오늘이 20일, 10월20일이야?

Monica Oh, I was hoping you wouldn't remember.

Monica 아, 오빠가 그냥 잊고 지나가기를 바랐는데.

Joey What's wrong with the twentieth?

Joey 20일에 무슨 일이 있었는데?

Chandler Eleven days before Halloween, all the good costumes are gone?

Chandler 할로윈데이 행사 11일전인데, 그때 모든 분장용품이 매진되었었나?

Ross Today's the day Carol and I first consummated our physical relationship. Sex.

Ross 오늘이 바로 Carol과 내가 처음으로 육체적 교감을 한 날이지. 섹스 말이야.

Joey You told your sister that?

Joey 여동생한테 그런 거까지 말했다고?

Ross Believe me, I told everyone. You know what, **I'd better** pass on the game. I think I'm just gonna go home and think about my ex-wife and her lesbian lover.

Ross 정말인데, 나 모두에게 다 말했어. 있잖아, 나 오늘 경기 안 가는 게 좋을 것 같아. 집에 가서 전 부인하고 그 동성 애인에 대해 생각 좀 해봐야겠어.

- costumes : 분장용품, 코스튬
- consummate : 첫날밤을 치르다
- physical relationship : 육체적 관계
- believe me : 정말이야, 정말이라니까
- I'd better : ~ 하는 게 낫다.
- pass on : 관두다, 그냥 넘어가다

take mind off something

~ 생각을 안 하게 하다

Ross Alright, alright, maybe it'll **take my mind off it**.
Do you promise to buy me a big thumb finger?

Ross 알았어, 알았다고. 거기 가는 게 그 생각을 안 하게 해줄지도 모르니까. 응원 장갑도 사준다고 약속해.

Chandler You got it.

Chandler 그러지 뭐.

Note

- mind = '마음'보다는 '생각'으로 많이 해석됨.
- take mind off something = '생각(mind)'을 다른 것(something)으로 돌림으로써 'off' 시키다.

i.e What's on your mind? : 무슨 생각해?
Are you out of your mind? : 너 정신 나갔어?

Practice

1. 그 생각을 안 하려고 노력해봐.
2. 내가 그 생각 안 하게 해줄게.
3. 나는 도저히 네 생각을 안 할 수가 없어.
4. TV를 보면 주의를 좀 돌릴 수 있을 거야.
5. 운동이 그녀 생각을 하지 않게 해줄 거야.

주요 장면 STUDY

Chandler Come on, Ross! You, me, Joey, Ice, guys' night out, come on, <u>what did you say</u>, big guy, Huh? Huh? Huh?

Chandler Ross, 제발. 너랑 나랑 Joey랑 밤에 아이스하키 하러 가자고. 어때? 아저씨, 응? 응? 응?

Ross What are you doing?

Ross 뭐 하는 건데?

Chandler I have no idea.

Chandler 내가 왜 그랬지?

Joey Come on, Ross!

Joey 아, 제발 Ross!

Ross Alright, alright, maybe it'll <u>**take my mind off** it</u>. Do you promise to buy me a <u>big thumb finger</u>?

Ross 알았어, 알았다고. 거기 가는 게 그 생각을 안 하게 해줄지도 모르니까. 응원 장갑도 사준다고 약속해.

Chandler You got it.

Chandler 그러지 뭐.

- What did you say? : ~하는 게 어때? (권유하는 표현이므로 항상 해석 주의)
- take my mind off it : 그 생각을 안 하게 해주다.
- a big thumb finger : 경기장에서 쓰는 응원 도구.

be worth something

~할 만한 가치가 있다

Rachel God, isn't this exciting? I earned this. I wiped tables for it, I steamed milk for it, and it **was** totally not **worth it**. Who's FICA? Why's he getting all my money? I mean, what, Chandler, look at that.

Rachel 세상에, 기쁘지 않아? 월급 탔어. 이거 때문에 그동안 테이블도 치우고, 우유도 데우고, 근데. 진짜 얼마 안 되네. FICA(세무국)가 누구야? 애 뭔데 내 돈 다 가로챘지? 아니 Chandler, 이거 좀 봐봐.

Note

- **worth** = 가치.
- **be worth something** : ~에 상응하는 가치가 있다 (**be worth** $200)
- **be not worth it** : 그만한 가치가 없다.
- **worth ~ing** : ~하는 액션에 상응하는 가치가 있다
  - » **It was worth trying.** : 노력해볼 만한 가치가 있었어.
  - » **It was worth telling.** : 말해볼 만한 가치가 있었어.

Practice

1. 완전 그만한 가치가 있었어.
2. 그 정도 가치는 없는 것 같은데?
3. 그 정도 시간을 쏟을 만한 가치는 없는 것 같아.
4. 이거 10만 원도 넘는 거야.
5. 적어도 시도해볼 만한 가치는 있었어.

주요 장면 STUDY

빵 플 릭 스 1

Rachel God, isn't this exciting? I earned this. I wiped tables for it, I steamed milk for it, and it **was** totally not **worth it**. Who's FICA? Why's he getting all my money? I mean, what, Chandler, look at that.

Rachel 세상에, 기쁘지 않아? 월급 탔어. 이거 때문에 그동안 테이블도 치우고, 우유도 데우고, 근데. 진짜 얼마 안 되네. FICA(세무국)가 누구야? 얘 뭔데 내 돈 다 가로챘지? 아니, Chandler, 이거 좀 봐봐.

Chandler Oh, this is not that bad.

Chandler 음, 뭐 그렇게 나쁘지 않은데.

Joey Oh, you're fine, yeah, for a first job.

Joey 아, 첫 월급치고는 괜찮은 거야.

Ross You can totally, totally live on this.

Ross 이걸로 충분히 먹고 살 수 있어.

Monica Oh, Yeah, yeah.

Monica 맞아, 그래.

Ross Hey, by the way, great service today.

Ross 아무튼, 오늘 너의 서비스는 아주 좋았어.

Everyone Yeah

Everyone 맞아.

- earn : 일을 하여 돈을 벌다.
- wipe : 닦다, (먼지를) 훔치다.
- steam : 열로 데우다.
- be worth it : ~할 만한 가치가 있다.
- FICA : 연방사회보장세 (Federal Insurance Contributions Act.)
- totally : 충분히, 완전히
- live on ~ : 살아나가다.

What's going on?

무슨 일이야? (무슨 일이 벌어지는 거야?)

Rachel Anyway, so **what's going on with you?**

Rachel 아무튼, 넌 요즘 어떻게 지내?

Joanne Well, guess who my dad's making partner in his firm?

Joanne 글쎄, 우리 아빠가 회사 파트너로 누구를 지정했게?

- **What's going on?** 만 단독으로 쓰면 "이게 무슨 일이야?"
- **What's going on with ~ ?** ~의 근황을 묻는 것 (순수하게 **or** 문제가 있어서)

Practice

1 그녀에게 무슨 일 있는지 혹시 알아?

2 나는 내 삶이 어디로 흘러가고 있는 건지 잘 모르겠어.

3 그 프로젝트는 어떻게 진행되고 있는 건가요?

4 너의 새로운 사업은 어떻게 되고 있어?

주요 장면 STUDY

Leslie Rachel?

Rachel Oh my God!

Monica I swear I've seen birds do this on Wild Kingdom.

Monica 동물의 왕국에서 새들이 저러는 거 본 거 같아.

Rachel What are you guys doing here?

Rachel 너희들 여기 어쩐 일이야?

Kiki Well, we were in the city shopping, and your mom said you work here, and it's true!

Kiki 응, 우리 쇼핑하다가, 너희 엄마가 너 여기서 일한다고 하시길래 들렀지. 근데 진짜네!

Joanne Look at you in the apron. You look like you're in a play.

Joanne 앞치마 두른 모습 좀 봐. 연극 무대 배우 같아.

Rachel God, look at you, you are so big I can't believe it!

Rachel 세상에. 좀 보자. 배 많이 불렀구나. 믿기지가 않네!

Leslie I know. I know! I'm a duplex.

Leslie 알지. 나 2인용 됐어.

Rachel Kiki, you look phenomenal, I mean you've lost, like, a ton of weight. And you should really, really, it's time to stop. You look perfect.

Rachel Kiki, 무슨 일이야. 아니, 살이 이렇게 많이 빠졌다고? 너 정말 근데 멈춰야겠다. 지금 딱 좋아.

Rachel Anyway, so **what's going on with you?**

Rachel 아무튼, 넌 요즘 어떻게 지내?

Joanne Well, guess who my dad's making partner in his firm?

Joanne 글쎄, 우리 아빠가 회사 파트너로 누구를 지정했게?

- swear : 맹세하다, 확실하다.
- apron : 앞치마
- a play : 연극
- a duplex : 복층아파트, 2인용, 2인분
- phenomenal : 경이로운, 경탄스러운
- What is going on with you?
  : 너는 요즘 어떻게 지내?
- firm : 회사

tell the dirt

다 말하다

Rachel **Oh come on, you guys, tell me all the dirt!**

Rachel 오, 얘들아, 시시콜콜한 거까지 다 얘기해봐!

Kiki Well, the biggest news is still you dumping Barry at the altar!

Kiki 뭐, 제일 큰 사건은 여전히 네가 식장에서 Barry 버리고 도망친 거지!

- **Dirt**

1 흙, 오물, 더러운 것.

2 추잡한 이야기. 문제성이 있는 이야기 = gossip.

- 좋은 얘기만 하지 말고 스캔들 등 공개되면 논란의 여지가 될 수 있는 이야기들까지 다 해달라는 말.

주의 일상생활에서만 쓰이는 표현이므로 격식을 차리는 상황에서는 쓰지 않음.

Practice

1 나한테는 다 얘기해도 괜찮아.

2 나 지금 솔직하게 다 말하고 있는 거야.

3 걔 그런 이야기까지 했어?

4 나 아무에게나 이런 이야기를 다 하지 않아.

주요 장면 STUDY

Rachel Oh come on, you guys, **tell me all the dirt**!

Rachel 오, 얘들아, 시시콜콜한 거까지 다 얘기해봐!

Kiki Well, the biggest news is still you dumping Barry at the altar!

Kiki 뭐, 제일 큰 사건은 여전히 네가 식장에서 Barry 버리고 도망친 거지!

- tell me all the dirt : 시시콜콜한 것까지 다 말하다.
- the biggest news is ~ : 제일 큰 뉴스는, 제일 큰 사건은
- dump : 차버리다
- altar : 결혼식장

talk reality

현실적인 이야기를 하다

Joanne Alright. Let's **talk reality** for a second.

Joanne 그래, 우리 현실적인 얘기 좀 해보자.

Rachel Okay.

Rachel 좋아.

Note

- '~에 대해 이야기하다'고 할 때 보통은 **'talk about'**을 쓰지만 **'about'** 없이 **'talk + 명사'**를 쓰면 조금 더 단호한 어투로 표현된다.

talk about something : ~에 관해 이야기하다.
talk about reality : 현실에 대해서 이야기하다.
talk reality : (단호한 어투로) 현실 이야기하다.
Let's talk business : (단호한 어투로) 우리 일 이야기하자.

Practice

1 지금은 현실 얘기 하고 싶지 않아.

2 우리 현실 얘기 좀 해야 돼.

3 너랑은 굳이 현실 얘기 하고 싶지 않아.

4 우리 일 얘기 좀 합시다.

5 나 당신하고 일 얘기 좀 해야 돼요.

주요 장면 STUDY

Joanne Alright. Let's **talk reality** for a second.

Joanne 그래, 우리 현실적인 얘기 좀 해보자.

Rachel Okay.

Rachel 좋아.

Joanne When are you coming home?

Joanne 집에는 언제 들어갈 거야?

Rachel What? Guys, I'm not.

Rachel 뭐? 얘들아, 나 집에 안 가.

Joanne Come on, this is us.

Joanne 제발, 우리끼리잖아.

Rachel I'm not! This is what I'm doing now. I've got this job, you know, I even do my own laundry.

Rachel 나 안 들어갈 거야. 지금 하는 일 있잖아. 나는 이 일을 구했고, 빨래도 내가 다 해.

- reality : 현실
- talk reality : 현실적인 이야기를 하다.
- This is us : 우리끼리잖아.
- laundry : 세탁, 세탁일

make trouble

소란, 말썽을 일으키다

Ross Look, look, look, I don't wanna **make any trouble**, okay, but I'm in a lot of pain here, alright? My face is dented.

Ross 저기, 잠깐만요. 저기, 말썽을 일으키고 싶지는 않은데요. 제가 여기가 좀 많이 아파서 그래요. 알겠어요? 내 얼굴이 찌그러졌다고.

Note

['trouble' vs. 'problem']

- **problem** : 해결해야 할 문제.
- **trouble** : 말썽, 무리. 좀 더 감정적인 문제. 골칫거리

i.e **You have a problem with your girl friend.** : 해결해야 할 문제
You have a trouble with your girl friend. : 골칫거리, 곤란한 문제.
: 'problem' 이 생겨서 그것 때문에 'trouble' 이 생긴다.

Practice

1 제발 아무 말썽도 일으키지 말아줘.

2 말썽 부리지 않겠다고 약속할게요.

3 너 때문에 내가 아주 곤란해졌어.

4 나는 너를 곤란하게 하려는 건 아니었어.

주요 장면 STUDY

Receptionist Hold on. Fill these out, sit over there.

Receptionist 기다려요 좀, 서류 작성하고 거기 좀 앉아 있어요.

Ross Look, look, look, I don't wanna **make any trouble**, okay, but I'm in a lot of pain here, alright? My face is dented.

Ross 저기, 잠깐만요. 저기, 말썽을 일으키고 싶지는 않은데요. 제가 여기가 좀 많이 아파서 그래요. 알겠어요? 내 얼굴이 찌그러졌다고.

Receptionist Well, you'll have to wait your turn.

Receptionist 그래요, 잠깐 순서 기다리세요.

Joey Well, how long do you think it'll be?

Joey 도대체 얼마나 걸릴 거 같아요?

Receptionist Any minute now.

Receptionist 곧.

Ross Hey, this, Woo.

Ross 저기요! 워워.

- any minute : 지금 당장, 곧
- fill these out : 서류 항목들을 기입하다.
- make any trouble : 어떤 말썽을 일으키다.
- be dented : 우그러지다
- turn : 순서, 차례

bring someone down

우울하게 만들다, 실망시키다

Rachel I'm so sorry, you guys. I didn't mean to **bring you down**.

Rachel 미안해 애들아. 너희들을 우울하게 하려는 건 아니었어.

Monica No, you were right. I don't have a plan.

Monica 아냐, 네 말이 맞아. 나도 인생 플랜 같은 것도 없어.

Note

- **bring down** : 끌어내리다.
- **bring someone down** : 누군가의 기분을 끌어내리다. 우울하게 만들어버리다.

[구분!]
let someone down : 누군가를 실망시키다.

Practice

1 나는 너의 기분까지 나쁘게 하고 싶지 않아.

2 내가 너까지 우울하게 했니?

3 너의 이야기가 나를 우울하게 만들었어.

4 뉴스를 보면 우울해져.

주요 장면 STUDY

Rachel I'm so sorry, you guys. I didn't mean to **bring you down**.

Rachel 미안해 애들아. 너희들을 우울하게 하려는 건 아니었어.

Monica No, you were right. I don't have a plan.

Monica 아냐, 네 말이 맞아. 나도 인생 플랜 같은 것도 없어.

Pizza Guy Pizza guy!

Pizza Guy 피자왔어요!

Rachel Thank God. Food.

Rachel 왔다.

Monica Phoebe?

Monica Phoebe 너는?

Phoebe What?

Phoebe 뭐?

Monica Do you have a plan?

Monica 인생 플랜 같은 거 있어?

Phoebe I don't even have a 'pla'.

Phoebe 난 플라도 없어.

- mean to ~ : ~할 의도이다.
- I didn't mean to ~ : ~하려는 건 아니다.
- bring you down : 우울하게 만들다. 실망시키다.
- have a plan : 계획이 있다.

sound (about) right

대략 맞는 것 같다

Monica Wait, was this a small mediterranean guy with curiously intelligent good looks?

Monica 잠깐만요, 말한 사람이 키 작고 지중해 스타일에 묘하게 지적으로 잘생긴 남자였나요?

Pizza Guy Yeah, that **sounds about** right.

Pizza Guy 네, 대략 맞는 거 같아요.

Note

- **sound** ~ = ~인 것 같다 (**seem**과 거의 동일한 의미)
- **sound right** = 맞는 것 같다.
- **sound about right** = 대략 / 대강 / 아마 맞는 것 같다. (조금 더 확신이 부족한 추측)

Practice

1 이거 맞는 것 같아?

2 당신이 생각하기에 이거 맞는 것 같나요?

3 제 문장이 맞는 것 같나요?

4 제 문장이 문법적으로 맞는 것 같나요?

5 제가 듣기에는 맞는 것 같네요

6 네가 말하는 건 전혀 맞지 않는 것 같아.

주요 장면 STUDY

빵 플 릭 스 1

Monica Wait, was this a small mediterranean guy with curiously intelligent good looks?

Monica 잠깐만요, 말한 사람이 키 작고 지중해 스타일에 묘하게 지적으로 잘생긴 남자였나요?

Pizza Guy Yeah, that **sounds about** right.

Pizza Guy 네, 대략 맞는 거 같아요.

Monica Was he wearing a stunning blue suit?

Monica 굉장히 멋진 파란 양복을 입고 있던가요?

Phoebe And, and a power tie?

Phoebe 그리고 튀는 넥타이를 하고 있고요?

Pizza Guy No, pretty much just a towel.

Pizza Guy 아뇨, 완전 그냥 타월만 걸치고 있었어요.

Monica Oh God.

- mediterranean : 지중해의
- curiously : 묘하게
- good looks : 잘생긴 외모
- sounds about : 대략 ~인 것 같다.
- stunning : (좋은 의미로) 깜짝 놀랄, 충격적인, 굉장히 멋진
- power tie : 정치인이나 성공한 기업가의 넥타이를 호칭

not a big deal

별일 아냐

Monica Would you let it go? It's **not that big a deal**.

Monica 그냥 그쯤 해둘래? 별일 아니잖아.

Ross Not that big a deal? It's amazing. Ok, you just reach in there, there's one little maneuver, and bam, a bra right out the sleeve.

Ross 별일 아니라고? 대단하지. 손을 넣고는, 여기서 기술이 필요해. 탁 하고는, 소매 사이로 브라지어를 꺼내는 거야.

- 같은 뜻, 다른 표현

not a big deal = not that big a deal = not that big of a deal = no big deal

Practice

1 정말 별일 아니야?

2 저한테는 정말 별일 아니었어요.

3 이게 너한테 그렇게 중요한 일이야?

4 이거 그 사람한테는 별거 아니야.

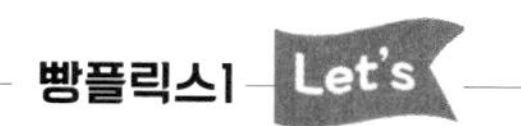

주요 장면 STUDY

Monica Would you let it go? It's **not that big a deal**.

Monica 그냥 그쯤 해둘래? 별일 아니잖아.

Ross Not that big a deal? It's amazing. Ok, you just reach in there, there's one little maneuver, and bam, a bra right out the sleeve.

Ross 별일 아니라고? 대단하지. 손을 넣고는, 여기서 기술이 필요해. 탁 하고는, 소매 사이로 브라지어를 꺼내는 거야.

- not that big a deal : 별일 아니다.
- maneuver : 기술적인 동작
- bam : 탁 하는 소리
- bra : 브래지어
- sleeve : 소매

gang up on someone

몰아붙이다, 집단적으로 공격하다

Phoebe You know, if you want, I'll do it with you.

Phoebe 있지, 원하면 같이 가줄게.

Chandler Oh, thanks, but I think she'd feel like **we're ganging up on her**.

Chandler 고맙긴 한데, 아마 그러면 우리가 너무 집단으로 몰아붙인다고 생각할 거 같아.

Note

- **gang** : 조폭, 폭력배, 깡패, 패거리, 무리, 그룹

  i.e Where's your gang? = Where are the people that you always hang out with?

- **gang up** : 무리를 짓다, 패거리를 만들다.

- **gang up on someone** : 무리를 지어 특정 상대를 공격하다.

Practice

1. 너희가 지금 걔를 몰아가고 있잖아.
2. 그렇게 몰아가지마.
3. 우리는 오늘 너를 몰아갈 거야.
4. 반 학생들은 단결하여 선생님을 공격했다.
5. 소비자들은 그 기업에 대항하여 단결했다.

주요 장면 STUDY

Joey Why do you have to break up with her? Be a man, just stop calling.

Joey 왜 그 여자랑 헤어지려고 하는데? 남자답게, 잠수 타버려.

Phoebe You know, if you want, I'll do it with you.

Phoebe 있지, 원하면 같이 가줄게.

Chandler Oh, thanks, but I think she'd feel like **we're ganging up on her.**

Chandler 고맙긴 한데, 아마 그러면 우리가 너무 집단으로 몰아붙인다고 생각할 거 같아.

- break up with ~ : ~와 헤어지다.
- Be a man : 남자답게 굴어라.
- feel like : ~인 것 같다.
- be ganging up on ~ : ~를 몰아붙이다. 집단적으로 공격하다.

burn someone up

누군가를 화나게 만들다

Rachel It's my father. He wants to give me a Mercedes convertible.

Rachel 아빠 때문에. 나한테 벤츠 오픈카를 사주신대잖아.

Ross That guy, **he burns me up**.

Ross 아버님, 나를 열불 나게 하시는구나.

Note

- burn up = 불이 타오르다.
- burn someone up = 마음에서 불이 타오르게 만드는 것.

Practice

1 너는 매번 나를 화나게 만들어.

2 이런 뉴스는 나를 정말 화나게 만들어.

3 뭐가 너를 그렇게 화나게 만들었어?

4 너를 화나게 만들 의도는 아니었어.

주요 장면 STUDY

Phoebe What's the matter? Why so scrunchy?

Phoebe 뭐가 문제야? 왜 그렇게 찌푸리고 있어?

Rachel It's my father. He wants to give me a Mercedes convertible.

Rachel 아빠 때문에. 나한테 벤츠 오픈카를 사주신대잖아.

Ross That guy, **he burns me up.**

Ross 아버님, 나를 열불 나게 하시는구나.

- scrunchy : 헤어밴드. (헤어밴드를 하면 얼굴이 찌그러지므로, 표정이 안 좋다는 의미)
- Mercedes : 벤츠 회사
- convertible : 오픈카
- he burns me up : 나는 화나게 하시네.

ask a favor

부탁하다

Joey Look, **I'm asking a favor** here. You know, I'm thinking if I do this for her brother, maybe Angela will come back to me.

Joey 봐봐, 부탁하는 거잖아 지금. 있지, 내가 그녀 오빠한테 그렇게 하면, Angela도 나에게 돌아올거야.

Monica What's going on here? You go out with tons of girls.

Monica 뭐지? 넌 이미 여자 많잖아.

Note

- **favor** : 친절한 행위, 호의
- **ask a favor** : 무언가를 부탁하다, 요청하다.
- **do someone a favor** : ~의 부탁을 들어주다.

Practice

1. 저 사람한테 부탁해보면 어때?
2. 저는 부탁하러 왔어요.
3. 제가 부탁 하나만 해도 될까요?
4. 제 부탁 하나만 들어주시겠어요?
5. 내가 그녀를 완전 도와줬어.

주요 장면 STUDY

Joey Look, **I'm asking a favor** here. You know, I'm thinking if I do this for her brother, maybe Angela will come back to me.

Joey 봐봐, 부탁하는 거잖아 지금. 있지, 내가 그녀 오빠한테 그렇게 하면, Angela도 나에게 돌아올거야.

Monica What's going on here? You go out with tons of girls.

Monica 뭐지? 넌 이미 여자 많잖아.

Joey I know, but,

Joey 알지, 근데

- I'm asking a favor : 부탁하고 있잖아.
- here : 지금, 이 대목에서.
- I'm thinking ~ : ~라고 생각중이야.
- What's going on here? : 뭐 하자는 거야?
- tons of : 매우 많은

blow off

땡땡이치다 (해야 할 일을 하지 않다)

Janice We got the proofs back from that photo shoot, you know, the one with the little vegetables. Anyway, they pretty much sucked, so, I **blew off** the rest of the day, and I went shopping, And I got you,

Janice 사진 촬영한 거 교정본 받았거든. 야채 들고 찍은 거 있잖아. 근데 너무 엉망이라 오늘 오후 날려버리고 쇼핑을 했지 뭐야. 그리고 자기를 위해 내가 하나 산 게 있지.

Note

- blow off = 무언가를 '날려 보낸다'는 뜻으로 상대를 무시하거나 약속을 깬다는 의미로도 쓰임.
- blow someone off = 상대방을 바람맞히다.
- blow off something / someone = ~를 무시하다.

Practice

1. 나 오늘 수업 땡땡이칠 거야.
2. 우리 오늘 그냥 수업 땡땡이치자.
3. 그가 나를 바람 맞혔다는 게 믿기지가 않아.
4. 그의 말은 그냥 무시해.

주요 장면 STUDY

Chandler Here we go.

Chandler 왔다, 왔다.

Phoebe Ok, have a good break-up.

Phoebe 좋아, 잘 헤어지길 바라.

Chandler Hey, Janice.

Chandler 안녕, Janice.

Janice Oh, my god, I am so glad you called me. I had the most supremely awful day.

Janice 어머 세상에. 전화해줘서 너무 기뻤어. 오늘 정말 극도로 끔찍한 날이었거든.

Chandler Hey, that's not good. Can I get an espresso and a latte over here, please?

Chandler 아 안됐네. 여기 에스프레소 하고 라테 주세요.

Janice We got the proofs back from that photo shoot, you know, the one with the little vegetables. Anyway, they pretty much sucked, so, I blew off the rest of the day, and I went shopping, And I got you,

Janice 사진 촬영한 거 교정본 받았거든. 야채 들고 찍은 거 있잖아. 근데 너무 엉망이라 오늘 오후 날려버리고 쇼핑을 했지 뭐야. 그리고 자기를 위해 내가 하나 산 게 있지.

- have a good break-up : 'have a good day'의 구도를 따서 Phoebe 가 익살스럽게 표현한 것.
- supremely : 극도로, 지극히
- awful : 끔찍한
- the proofs : 교정본
- photo shoot : 사진 촬영
- blow off : 땡땡이치다, 바람맞히다.
- I got you something : 너를 위해 ~를 샀어.

no A, no B

A가 없으면 B도 없다

Woman Oh, I'm sorry, is that your basket? It's really pretty. Unfortunately, I don't see suds.

Woman 어머 미안해라. 이게 당신 바구니였어요? 아유 예뻐라. 근데, 아쉽지만, 세제 거품이 없잖아요!

Rachel What?

Rachel 뭐라고요?

Woman **No suds, no save**. Ok?

Woman 거품이 없으면, 맡아놓은 것도 아니죠, 아시겠어요?

Note

- sud = "soapsud"(비누 거품)의 줄임말(slang).
- save = 자리를 맡아두는 것 (save me a seat.)

  No suds, no save. = 거품이 없으면 맡아두는 것도 없다.

  No pain, no gain. = 시련이 없으면 얻는 것도 없다.

Practice

1. 가방 안 뒀으면 자리맡은 거 아니지.
2. 고통 없이는 성취도 없다.
3. 악의가 없으면 괜찮다.

주요 장면 STUDY

Woman I'm coming through. Move, move. (지나갈게요, 비켜요, 비켜.)

Rachel Oh, excuse me. I was kinda using that machine.

Rachel 아, 잠깐만요, 여기 제가 쓰고 있었거든요.

Woman Yeah, well, now you're kinda not.

Woman 그래요? 글쎄, 이젠 아닌 거 같은데?

Rachel But I saved it. I put my basket on top.

Rachel 제가 자리 잡았던 거예요. 빨래 바구니 위에 올려놓았잖아요.

Woman Oh, I'm sorry, is that your basket? It's really pretty. Unfortunately, I don't see suds.

Woman 어머 미안해라. 이게 당신 바구니였어요? 아유 예뻐라. 근데, 아쉽지만 세제 거품이 없잖아요!

Rachel What?

Rachel 뭐라고요?

Woman No suds, no save. Ok?

Woman 거품이 없으면, 맡아놓은 것도 아니죠, 아시겠어요?

- come through : 들어가다, 지나가다.
- save (a spot) : 자리를 잡다, 자리를 맡아두는 것.
- suds : 비누 거품
- No suds, no save : 비누 거품이 없으면, 자리가 빈 거지.

~ virgin

~를 처음 해보는 사람

Ross Have you never done this before?

Ross 이거, 전에 한 번이라도 써 본 적 없어?

Rachel Well, not myself, but I know other people that have. Ok, you caught me. I'm **a laundry virgin.**

Rachel 그게, 음, 직접은 아니지만, 다른 사람이 하는 거 본 적 있어서 알아. 그래 뭐, 들켰데. 나 세탁 처음 해봐.

- "You caught me." = 들켰다.
- virgin = '성경험이 없는 사람'을 일컫는 말이지만 어떤 일을 처음 해보는 사람, 특정 분야에 무지한 사람, 훼손되지(원래 상태에서 바뀌지) 않은 것 등으로 다양하게 해석됨
- something virgin
  1. 어떤 일을 한 번도 해보지 않은 사람. laundry virgin : 빨래를 한 번도 해보지 않은 사람.
  2. 어떤 분야에 무지하거나 지식이 없는 사람. I am a political virgin. : 나는 정치에는 무지해.
  3. 훼손되지 않은 원 상태 그대로인 것. virgin snow / virgin territory

Practice

1. 나는 대학교에 가서 처음 빨래를 해봤어
2. 나 정치에 완전 문외한이야.
3. 우리는 아무도 밟지 않은 눈을 밟고 있어.
4. 그 지역은 사람의 손이 닿지 않은 곳이야.

주요 장면 STUDY

Ross Have you never done this before?

Ross 이거, 전에 한 번이라도 써 본 적 없어?

Rachel Well, not myself, but I know other people that have. Ok, you caught me. I'm **a laundry virgin**.

Rachel 그게, 음, 직접은 아니지만, 다른 사람이 하는 거 본 적 있어서 알아. 그래 뭐, 들켰네. 나 세탁 처음 해봐.

- not myself : 내가 직접 한 것은 아니고.
- I know other people that have (done this.) : 이걸 해보던 사람은 알아. 즉, 다른 사람들이 하는 걸 본적은 있어.
- You caught me. : 들켰네.
- virgin : 처녀, 초보, 문외. / - virgin : - 무경험자
- a laundry virgin : 세탁 문외한.

a judgment call

각자 알아서 결정하는 것

Rachel Ok, Well, what about. These are white cotton panties. Would they go with whites or delicates?

Rachel 그래, 근데, 이 면직류 흰색 팬티는 어떻게 해? 흰색 세탁기에 넣을까? 속옷 세탁기에 넣을까?

Ross Uh, that, that, that would be **a judgment call**.

Ross 아, 그건, 그건 네가 알아서 하고.

Note

- **a judgment call** = 각자 판단에 따르다.
- "~'s call" = ~의 의견에 따르다.

i.e It's my call. = 그건 내가 결정할 일이야.
It's your call. = 그건 네가 결정할 일이야.

Practice

1 이걸 할지 말지는 각자가 결정할 일이야.

2 지금 주관적으로 판단해서는 안 될 것 같아요.

3 나는 아무거나 먹어도 상관없어. 네가 정해.

4 저한테 이래라저래라 하지 마세요. 제가 결정할 일이예요.

주요 장면 STUDY

Ross Ok, um, basically you wanna use one machine for all your whites, Ok, a whole another machine for your colors, and then the third for your uh, your uh, delicates, and that would be your bras and your under panty things.

Ross 좋아, 음, 일단, 흰색 옷은 한 세탁기에 돌리면 돼. 그리고 색 있는 옷은 다른 세탁기에 따로 돌리고. 그리고 세 번째 세탁기에는 속옷류, 그러니까 네 브라자나 팬티 같은 거.

Rachel Ok, Well, what about. These are white cotton panties. Would they go with whites or delicates?

Rachel 그래, 근데, 이 면직류 흰색 팬티는 어떻게 해? 흰색 세탁기에 넣을까? 속옷 세탁기에 넣을까?

Ross Uh, that, that, that would be **a judgment call**.

Ross 아, 그건, 그건 네가 알아서 하고.

- basically : 일단, 기본적으로는.
- whites : 흰 옷
- colors : 색 있는 옷
- delicates : 속옷을 포함하여 울, 실크와 같이 부드러운 소재의 옷
- cotton : 면직류
- a judgement call : 각자 알아서 판단해 결정하는 것.

be close

가깝다 (다양한 쓰임)

Monica Hello! Were we at the same table?
It's like cocktails in Appalachia.

Monica 뭐가? 방금 같은 테이블에 있었는데 못 봤어? 근친상간이야 뭐야?

Joey Come on, **they're close**.

Joey 야, 쟤네 남매끼리 친해서 그래.

Monica Close? She's got her tongue in his ear.

Monica 친하다고? 여자애가 남자 귀에 혀까지 넣었잖아.

Note

- close = 가까운
  1 거리 2 사이(관계)

Practice

1 부모님이랑 굉장히 친해요.

2 나는 그녀랑 별로 안 친해.

3 너희가 그렇게 친한 사이인 줄 몰랐네.

4 나 너랑 친해지고 싶어.

주요 장면 STUDY

Monica Um, I've got something in my eye, uh, Joey, could we check it in the light, please?

Monica 아, 제 눈에 뭐가 들어갔나봐요. Joey, 밝은 데서 좀 봐줄래?

Monica Oh my god.

Monica 세상에.

Joey What?

Joey 뭐가?

Monica Hello! Were we at the same table? It's like cocktails in Appalachia.

Monica 뭐가? 방금 같은 테이블에 있었는데 못 봤어? 근친상간이야 뭐야?

Joey Come on, **they're close**.

Joey 야, 쟤네 남매끼리 친해서 그래.

Monica Close? She's got her tongue in his ear.

Monica 친하다고? 여자애가 남자 귀에 혀까지 넣었잖아.

- in the light : 밝은 곳에서
- cocktails in Appalachia : Appalachia 지역은 근친혼이 많기로 유명해서 비유한 말
- they're close : 그들은 친해.
- tongue : 혀

What a ~

완전 ~하다

Monica Hi.

Monica 안녕.

Phoebe Hey, how did it go?

Phoebe 어떻게 됐어?

Joey Excellent!

Joey 아주 좋았어!

Monica We ripped that couple apart, and kept the pieces for ourselves.

Monica 우리 그 커플들 찢어놓고, 각각 우리가 차지했어.

Ross **What a beautiful story.**

Ross 정말 대단하다.

주의 톤에 따라서 1 진실된 표현이거나 2 비꼬는 반어법의 표현이 될 수도 있다.

Practice

1 정말 귀여운 아기다.

2 완전 좋은 친구다.

3 정말 예쁜 집이다.

4 정말 안타까운 일이다.

5 정말 아름다운 세상이다.

주요 장면 STUDY

Monica Hi.

Monica 안녕.

Phoebe Hey, how did it go?

Phoebe 어떻게 됐어?

Joey Excellent!

Joey 아주 좋았어!

Monica We ripped that couple apart, and kept the pieces for ourselves.

Monica 우리 그 커플들 찢어놓고, 각각 우리가 차지했어.

Ross **What a beautiful story.**

Ross 정말 대단하다.

- how did it go? : 어떻게 됐어?
- rip : 떼어내다. 찢다.
- apart : 따로따로
- keep the pieces : 조각을 갖다.
- What a beautiful story : 아름다운 이야기네. 대단하네.

be out of one's league

과분하다, 본인의 능력 밖이다

Rachel Oh, come on. She's a person, you can do it!

Rachel 아, 제발. 저 여자도 그냥 사람이야. 넌 할 수 있다고!

Chandler Oh please, **could she be more out of my league**?
Ross, back me up here.

Chandler 진짜로 저 여자는 내가 꼬실 수 있는 수준이 아니야. Ross, 좀 도와줘.

- league = 활동하는 반경, 그룹
- out of one's league = 자신이 감당할 수 있는 선을 넘어서다 (자신의 수준, 격을 넘어서다)
  - 보통 본인보다 우월한 이성에게 많이 쓰는 표현이지만, 때에 따라서 '자신이 감당할 수 없는 일'을 의미하기도 함.

  i.e This project is totally out of my league.

Practice

1 그녀는 너무 인기가 많아서 내가 넘볼 수준이 아니었어.

2 그 남자는 네가 넘볼 수 있는 수준이 아니야.

3 내가 너랑 수준이 안 맞는다고 생각하는 거야?

4 이 발표는 내가 감당할 수 있는 수준이 아니야.

주요 장면 STUDY

Monica Go over to her! She's not with anyone.

Monica 저 여자한테 가봐. 혼자 왔는데.

Chandler Oh yeah, right and what would my opening line be?
'Excuse me. Blarrglarrghh.'

Chandler 아, 그래, 그럼 처음에 뭐라고 말 거는데? '실례지만, 어쩌고저쩌고'

Rachel Oh, come on. She's a person, you can do it!

Rachel 아, 제발. 저 여자도 그냥 사람이야. 넌 할 수 있다고!

Chandler Oh please, **could she be more out of my league**?
Ross, back me up here.

Chandler 진짜로 저 여자는 내가 꼬실 수 있는 수준이 아니야. Ross, 좀 도와줘.

Ross He could never get a woman like that in a million years.

Ross 얘는 죽었다 깨어나도 저런 여자 사귀지도 못 할 거야.

Chandler Thank you, buddy.

Chandler 그래 고맙다. 친구.

- opening line : 처음 꺼내는 말 (line : 대사)
- out of one's league : 수준을 벗어난, 분에 넘치는, 과분한
- could she be more out of my league? : 그녀는 나한테 너무 과분한 사람이라고 해줄래?
- back up : 지지하다, 뒷받침하다, 도와주다.
- in a million years : 100만 년 지나도, 죽었다 깨어나도

be aware of one's tongue

말을 조심하다, 점잖게 말하다

Chandler Oh God, I can't believe I'm even considering this.

I'm very, very aware of my tongue.

Chandler 세상에, 내가 이걸 고려하고 있다니. 아주 점잖게 나가야지.

Ross Come on! Come on!

Ross 해봐! 해봐!

Note

- be aware = 주의하다 (Be aware! 조심해!)
- tongue = '혀'라는 뜻이지만 여러 숙어에서 '말'로 해석됨 (= 'what one says')
- be aware of one's tongue = (입에서 나오는) 말을 조심하다.

Practice

1. 당신은 조금 더 말을 조심할 필요가 있는 거 같아요.
2. 그 사람 앞에서 진짜 말조심해야 해.
3. 내가 말을 조금 더 조심했어야 하는데.
4. 어른들은 아이들 앞에서 항상 말을 조심해야 합니다.

주요 장면 STUDY

Phoebe Oh, oh, but you know, you always see these really beautiful women with these really nothing guys, you could be one of those guys.

Phoebe 아, 근데, 봐봐, 보통 진짜 예쁜 여자들이 진짜 아무것도 없는 남자들이랑 다니잖아, 너도 지금 그 남자들 중 하나가 될 수 있어.

Monica You could do that!

Monica 넌 할 수 있어.

Chandler You think?

Chandler 그래?

All Yeah!

Chandler Oh God, I can't believe I'm even considering this. **I'm very, very aware of my tongue.**

Chandler 세상에, 내가 이걸 고려하고 있다니. 아주 점잖게 나가야지.

Ross Come on! Come on!

Ross 해봐! 해봐!

Chandler Here goes.

Chandler 자 시작한다.

- nothing guys : 아무것도 없는 남자. 별로인 남자.
- consider : 고려하다, 생각하다
- I can't believe I'm even considering this. : (생각조차 못 한) 이것을 할 생각을 하고 있다니
- be aware of my tongue : 말을 조심하다, 점잖게 말하다.
- Here goes : 시작한다! (주로 혼잣말)

work out

잘되다, (일이) 잘 풀리다

Chandler Huh.

Chandler 아.

Monica Oh. **I'm sorry it didn't work out.**

Monica 아, 잘 안 됐다니 안타깝다.

Chandler What 'not work out'? I'm seeing her again on Thursday. Didn't you listen to the story?

Chandler 안 됐다고? 목요일에 다시 보기로 했는데? 내 얘기 안 들은 거야?

Note

- **work out** : 1 운동하다 2 잘되다, 잘 풀리다

i.e Something **worked out** : 어떤 일이 잘되다.

work something **out** : 어떤 일을 잘되게 만들다.

I worked it out. = **I made it work out**. = 내가 그 일을 잘되게 만들었어.

Practice

1 오늘 진짜 일이 안 풀린다.

2 그 사람이 이 문제 해결할 수 있을 지도 몰라.

3 대화를 잘하면 다 풀 수 있을 거야.

주요 장면 STUDY

All What?

All 뭐라고?

Chandler (회상장면) So explain something to me here, uh, what kind of a relationship do you imagine us having if you already have a husband and a boyfriend?

Chandler 그럼, 이미 남편도 있고 남자친구도 있으면서, 우리가 어떤 관계가 되길 원하는지 말해줘요.

Aurora I suppose mainly sexual.

Aurora 주로 육체적인 관계를 생각하고 있어요.

Chandler Huh.

Chandler 아.

Monica Oh. **I'm sorry it didn't work out.**

Monica 아, 잘 안 됐다니 안타깝다.

Chandler What 'not work out'? I'm seeing her again on Thursday. Didn't you listen to the story?

Chandler 안 됐다고? 목요일에 다시 보기로 했는데? 내 얘기 안 들은 거야?

- explain : 설명하다, 말하다.
- relationship : 관계
- suppose : 가정하다, 생각하다
- mainly : 주로
- I'm sorry ~ : ~ 해서 유감이다.
- work out : 작동하다, 효력이 있다,잘되다.
- I'm seeing her : 그녀는 보기로 하다, 데이트하기로 하다.

just to

그냥, 단지

Monica Yeah, yeah, it's interesting. but you know what? Just for fun, let's see what it looked like in the old spot. Alright, **just to compare.**

Monica 그래, 재미있는 생각이네. 잠깐만. 그냥 뭐 심심하니까. 예전 있던 장소에 다시 놔두면 어떨지 볼까. 좋네. 그냥 비교해보려고.

- **just**

❶ 지금 막, 바로 그 순간

i.e He arrived just now. : 그가 지금 막 왔어.

❷ 바로 그것, exactly something

i.e That was just what I was looking for. : 그것이 내가 찾던 바로 그것이에요.

❸ 단지, 그냥, only, simply

i.e Let's just do it for fun. : 그냥 한 번 해보자.

- 'Just'를 붙이는 이유: 행동의 이유, 의도 등을 조금 더 가볍게 만듦 (우리나라 말에서 '그냥'을 붙이는 것과 비슷)

cf "왜 ~했어?" 라는 상대의 물음에 "그냥"이라고 대답할 때 "Just because."

Practice

❶ 나는 그냥 도와주려던 거야.

❷ 나 그냥 물어볼 게 있어.

❸ 우리 그냥 그것에 대해 얘기하지 말자.

❹ 그냥 시험일 뿐이야.

주요 장면 STUDY

Monica Oh! I see you moved the green ottoman.

Monica 아, 너 내 녹색 보조 의자 옮겼구나.

All Uh oh.

All 아이고.

Monica How, how did that happen?

Monica 어떻게 된 거야?

Rachel I don't know, I thought it looked better there. And I, and also, it's an extra seat around the coffee table.

Rachel 글쎄, 저기가 더 나아 보여서. 커피 테이블 주변에 한 자리 더 생기잖아.

Monica Yeah, yeah, it's interesting. but you know what? Just for fun, let's see what it looked like in the old spot. Alright, **just to compare**.

Monica 그래, 재미있는 생각이네. 잠깐만. 그냥 뭐 심심하니까. 예전 있던 장소에 다시 놔두면 어떨지 볼까. 좋네. 그냥 비교해보려고.

- ottoman : 보조 의자, 주로 낮고 등받이가 없으며 장식용이나 발판으로 사용됨.
- an extra seat : 추가 좌석, 추가 자리
- in the old spot : 예전 자리에
- just to compare : 그냥 비교해보려고.

fan out

펼치다, 흩어지다

Chandler Thank God you didn't try to **fan out** the magazines. I mean, she'll scratch your eyes right out.

Chandler Rachel, 너 저기서 잡지까지 펼쳐놓지 않은 게 천만 다행이야. 아마 Monica가 너 가만두지 않았을 거야.

Note

- **fan** : 부채
- **fan out** : 부채를 밖으로 열다. / 밖으로 보이게 펼치다.

1 무엇인가를 펼쳐놓다
- **fan out the cards** : 카드를 펼치다.
- **fan out the photos** : 사진을 펼치다.
- **fan out the books** : 책을 펼쳐놓다.
- **fan out the magazines** : 잡지를 펼쳐놓다.

2 무엇이 (스스로) 흩어지다.
- **Let's fan out** : 우리 흩어지자.
- **The police fanned out.** : 경찰들이 흩어졌다.

Practice

1 그가 카드를 펼쳐놓았어.

2 사진들을 테이블 위에 펼쳐놓는 게 어때?

3 사람들은 강아지를 찾기 위해 흩어졌다.

4 우리 흩어져서 그를 찾아보자.

주요 장면 STUDY

빵 플 릭 스 1

Monica Hah, well, it looks good there too. Let's just leave it there for a while.

Monica 와, 역시 저기 있는 게 좋네. 잠시 동안은 그냥 저기에 놔두자.

Phoebe I can't believe you tried to move the green ottoman.

Phoebe 녹색 장식 의자를 옮길 생각을 하다니.

Chandler Thank God you didn't try to **fan out** the magazines. I mean, she'll scratch your eyes right out.

Chandler Rachel, 너 저기서 잡지까지 펼쳐놓지 않은 게 천만 다행이야. 아마 Monica가 너 가만두지 않았을 거야.

- for a while : 잠시 동안
- fan out : 쫙 펼치다
- scratch : 할퀴다, 긁다

dump someone

차다, 버리다

Ross Look at it this way, you **dumped** her. Right? I mean, this, this woman was unbelievably sexy, and beautiful, intelligent, unattainable. Tell me why you did this again?

Ross 이렇게 생각해봐. 네가 찬 거라고. 알았어? 이 여잔 말이야, 말도 안 되게 섹시하고, 이쁘고 똑똑하고, 접근할 수조차 없단 말이지. 왜 그런 거야?

- **dump** : 버리다 -> 사람에게 쓰면 '(사귀던 사람을) 버리다, 차다'는 의미가 됨.

  i.e **dump the trash in the trash can** : 쓰레기통에 쓰레기를 버리다.
  dump someone : (사귀던) 사람을 차버리다.

Practice

1. 나 크리스마스 다음날 차였어.
2. 네가 찬 거 아니었어?
3. 그가 나를 차다니, 믿기지가 않아.
4. 어떻게 네가 나를 찰 수 있어?

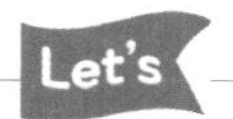

주요 장면 STUDY

Ross Look at it this way, you **dumped** her. Right? I mean, this, this woman was unbelievably sexy, and beautiful, intelligent, unattainable. Tell me why you did this again?

Ross 이렇게 생각해봐. 네가 찬 거라고. 알았어? 이 여잔 말이야, 말도 안 되게 섹시하고, 이쁘고 똑똑하고, 접근할 수조차 없단 말이지. 왜 그런 거야?

- dump : ~를 차다, ~를 버리다.
- attain : 이루다, 획득하다.
- unattainable : 도달할 수 없는, 가질 수 없는

get a shot

기회를 얻다

Joey You know, I've done nothing but crappy plays for six years. And I finally **get my shot**, and I blow it!

Joey 있지, 6년 동안 형편없이 지내오다 이제서야 기회가 왔는데, 그냥 날려버렸어.

Monica Maybe this wasn't your shot.

Monica 아마 이번이 너의 기회가 아닐 수도 있어.

Note

- **shot** : **bullet**, 총알
- **give a shot** : 시도하다 (**try something**)
- **get a shot** : 누군가 총알을 쥐어주다 = 기회를 얻다. ('주사를 맞다'라는 뜻도 있음)
- **blow a shot** : 기회를 날려버리다.

Practice

1 드디어 너에게 기회가 왔구나!

2 이번에 나에게 기회가 올 것 같아.

3 이번에는 정말 기회가 있을 줄 알았는데.

4 저는 한 번도 기회가 없었어요.

주요 장면 STUDY

Joey Y'know, I've done nothing but crappy plays for six years. And I finally **get my shot**, and I blow it!

Joey 있지, 6년 동안 형편없이 지내오다 이제서야 기회가 왔는데, 그냥 날려버렸어.

Monica Maybe this wasn't your shot.

Monica 아마 이번이 너의 기회가 아닐 수도 있어.

Ross Yeah, I think when it's your shot, you know, you, you know it's your shot. Did it feel like your shot?

Ross 그래, 기회가 오면 알아보는 법이거든. 기회라는 생각이 들었어?

Joey Hard to tell, I was naked.

Joey 구별하기 어려웠어. 벌거벗고 있었거든.

- crappy : 형편없는
- get my shot : 기회를 얻다.
- blow : 날려버리다.
- (It's) hard to tell. : 구별하기 어렵다.
- tell : 말하다, 구별하다.
- naked : 벌거벗은

a kook

괴짜, 이상한 사람

Monica Doesn't matter, I'll get them tomorrow. Or not. Whenever.

Monica 상관없어. 내일 치우지 뭐. 아니면 말고. 언제나 할 수 있는 거니까.

Ross She is **a kook.**

Ross 걔는 참 특이해.

주의 일상에서 쓰는 은어 표현으로 격식을 차리는 자리에서는 사용하지 말 것.
'cook 요리사'와 발음이 같으므로 상황에 따라 해석.

Practice

1. 그는 좀 별난 거 같아.
2. 괴짜처럼 행동하지 말아줄래?
3. 그렇게 말하면 사람들이 괴짜인 줄 알걸?
4. 솔직히, 너를 만나보기 전까지는 네가 별난 사람인 줄 알았어.

주요 장면 STUDY

Monica I'm sorry, Joey. I'm gonna go to bed, guys.

Monica Joey 미안한데, 나 자러 갈게.

All Night.

All 잘 자.

Rachel Uh, Mon, you, you gonna leave your shoes out here?

Rachel Monica, 여기 신발 저렇게 놔둘 거야?

Monica Uh huh!

Monica 응!

Rachel Really? Just casually strewn about in that reckless haphazard manner?

Rachel 정말? 그냥 무심히 되는 대로 대충 내질러놓는다고?

Monica Doesn't matter, I'll get them tomorrow. Or not. Whenever.

Monica 상관없어. 내일 치우지 뭐. 아니면 말고. 언제나 할 수 있는 거니까.

Ross She is **a kook**.

Ross 쟤는 참 특이해.

- casually : 대충
- strewn about : 여기저기 내지른 (strew : 흩뿌리다)
- reckless : 무심하게
- haphazard : 되는 대로, 무계획적으로
- a kook : 특이한 사람, 괴짜

black out

암흑이 되다, 머리가 하얗게 되다, 필름이 끊기다

Rachel Wow, this is so cool, you guys. **The entire city is blacked out!**

Rachel 아 대박. 애들아 도시 전체가 정전이야!

Monica Mom says it's all of Manhattan, parts of Brooklyn and Queens, and they have no idea when it's coming back on.

Monica 엄마가 그러는데, 맨하튼 전체랑 브루클린하고 퀸즈 지역도 몇 군데 저렇대. 언제 다시 켜질지 모른대.

Note

- 글자 그대로는 모든 것이 'black'이 되다(보통 전기가 끊겨서 암흑이 되는 상황)라는 뜻이지만, 술을 많이 먹거나 과하게 긴장을 해서 어떠한 일을 기억하지 못 하는 상황 또는 잠시 정신을 잃는 경우에도 쓰일 수 있다.

1 정전이 되다
2 기억을 잃다, 기억이 없다.
3 잠시 정신을 잃다, 기절하다.

Practice

1 우리 아파트 완전 정전이 됐어.

2 나는 깜깜한 곳에서도 잘 봐.

3 나 어제 술을 너무 마셔서 필름이 끊겼어.

4 그녀가 잠깐 기절을 했었어.

주요 장면 STUDY

Rachel Wow, this is so cool, you guys. **The entire city is blacked out!**

Rachel 아 대박. 애들아 도시 전체가 정전이야!

Monica Mom says it's all of Manhattan, parts of Brooklyn and Queens, and they have no idea when it's coming back on.

Monica 엄마가 그러는데, 맨하튼 전체랑 브루클린하고 퀸즈 지역도 몇 군데 저렇대. 언제 다시 켜질지 모른대.

Rachel Wow, you guys, this is big.

Rachel 와 얘들아, 이거 진짜 큰일인데.

- The entire city is blacked out : 도시 전체가 정전이야.
- be blacked out : 정전이 되다.
- come back on : 다시 켜지다.
- this is big : 큰일인데.

put ~ on the phone

전화를 바꾸다

Monica I have no idea what you just said.

Monica 뭐라고 하는 건지 하나도 모르겠어.

Chandler **Put Joey on the phone!**

Chandler Joey 바꿔!

Joey What's up man?

Joey 괜찮냐?

Note

- 누군가에게 직접적으로 전화를 거는 것은 'call someone.'
- 다른 사람과 통화하다가 특정 인물을 바꾸라고 하는 것은 'put someone on the phone.'
- 편한 사이에 쓰는 명령조로, 조금 더 예의 바르게 표현할 때는
  'Could you please put ~ on the phone?' 혹은 'Would you mind putting ~ on the phone?'이라고 쓸 수 있음.

Practice

1. 엄마 좀 바꿔봐.
2. 그 사람을 바꾸면 어떻게 해!
3. Rachel을 바꿔주실 수 있을까요?
4. Mr. Lee를 바꿔주실 수 있을까요?

주요 장면 STUDY

Monica Hello?

Chandler Hey, it's me.

Monica It's Chandler! Are you OK?

Monica Chandler 전화야. 너 괜찮아?

Chandler Yeah, I'm fine. I'm trppd in an ATM vstbl wth JIl Gdcr.

Chandler 응. 괜찮아. 근데 나 ATM 음음, G 음음 음음이야

Monica What?

Monica 뭐라고?

Chandler I'm trppd... in an ATM vstbl... wth JIl Gdcr!

Chandler 나 ATM 음음, G 음음 음음이야

Monica I have no idea what you just said.

Monica 뭐라고 하는 건지 하나도 모르겠어.

Chandler **Put Joey on the phone!**

Chandler Joey 바꿔!

Joey What's up man?

Joey 괜찮냐?

Chandler I'm trppd... in an ATM vstbl... wth JLL GDCR.

Chandler 나 ATM 음음, G 음음 음음이야

Joey Oh my God! He's trapped in an ATM vestibule with Jill Goodacre!

Joey 세상에! 얘 지금 모델 Jill Goodacre 이랑 ATM 통로에 갇혀 있대!

- put Joey on the phone : Joey 좀 바꿔봐.
- be trapped : 갇히다
- vestibule : 연결 복도, 통로
- ATM : 현금 자동 인출기 (Automated Teller Machine)
- Jill Goodacre : 미국 유명 모델 겸 배우

hold up someone / something

기다리게, 지연되게 하다

Rachel No, he said we were **holding up** the people behind us.

Rachel 진짜야, 그러던데, 키스하고 그러면 우리가 뒤 순서 사람들을 기다리게 할 거라고.

Ross And you didn't marry him because?

Ross 그래서 결혼 안 한 거야?

Note

- **hold** : 기다리다.
- **hold up** : 기다리게 만들다.
- **hold up someone** : 어떤 사람을 기다리게 하다. (**make someone wait**)
- **hold up something** : 어떤 일을 지연되게 하다. (**delay something**)

Practice

1. 당신을 기다리게 해서 정말 죄송합니다.
2. 나는 진짜 1분도 더는 못 기다리겠어.
3. 나는 다른 사람들을 기다리게 하는 게 싫어.
4. 내 차는 교통 체증에 완전 막혀 있어.
5. 당신은 지금 미팅을 지연시키고 있습니다.

주요 장면 STUDY

Rachel Very well, see? I mean Barry wouldn't even kiss me on a miniature golf course.

Rachel 그거 알아? Barry 랑 나는 미니골프 치면서 키스조차도 없고 그랬어.

Ross Come on.

Ross 설마.

Rachel No, he said we were **holding up** the people behind us.

Rachel 진짜야, 그러던데, 키스하고 그러면 우리가 뒤 순서 사람들을 기다리게 할 거라고.

Ross And you didn't marry him because?

Ross 그래서 결혼 안 한 거야?

- miniature : 축소된
- a miniature golf course : 필드가 아닌 작게 꾸며놓은 골프장 코스
- hold up : ~를 기다리게 하다, 지연되게 하다.
- behind : ~ 뒤에

overrated

과대평가되다

Ross Probably. But you know, I'll tell you some. '**Passion is way overrated**.'

Ross 아마도. 있잖아, 말하자면, 열정이라는 건 좀 과대평가되는 경향이 있어.

Rachel Yeah right.

Rachel 그래. 맞아.

- **rate** = 평가하다.
- **overrate** = 과하게 좋은 점수를 주다.
- **be rated** = 평가가 매겨지다.
- **be overrated** = 과대평가되다.
- **overrated** = 과대평가된

Practice

1 그 영화는 너무 과대평가된 것 같아.

2 이 식당은 완전 과대평가된 거 같아.

3 그녀는 조금 과대평가된 아티스트 같아.

4 그는 잘 하지 못 하는데 너무 과대평가된 선수인 것 같아.

주요 장면 STUDY

빵 플 릭 스 1

Rachel I mean, do you think there are people that go through life never having that kind of.

Rachel 저기, 그런 거 없이 사는 사람들도 있다고 생각해?

Ross Probably. But you know, I'll tell you some.
'**Passion is way overrated**.'

Ross 아마도. 있잖아, 말하자면, 열정이라는 건 좀 과대평가되는 경향이 있어.

Rachel Yeah right.

Rachel 그래. 맞아.

Ross It is. Eventually, it kind of burns out.

Ross 그래. 결국 그냥 타서 없어져버리지.

- go through : 겪다, 거치다.
- way : 아주 많이,
- passion : 열정
- be overrated : 과대평가되다.
- eventually : 결국, 종국에는
- burn out : 소진하다, 내부를 다 태우다.

in the friend zone

친구로 자리 잡은, 친구로 여겨진

Ross What? Why not?

Ross 뭐? 안 될 거 뭐 있어?

Joey Because you waited too long to make your move, and now you're **in the friend zone**.

Joey 네가 너무 오래 눈치만 봐서 너는 그냥 친구로 자리 잡은 거야.

- zone = 지역, 구역 / friend-zone = '친구' 구역에 갇힌 것
- 모든 친구 사이에 'in the friend zone'이라고는 쓰지 않고 남녀 친구 사이에 A는 B에게 이성적인 관심이 있지만 B에게는 A가 연인으로 발전할 가능성이 없는 친구로 여겨질 때 A가 B의 friend-zone에 있다고 표현.
- 동사처럼 'be friend-zoned = 친구 사이로 단정 지어지다'로도 쓰일 수 있음.
- 이러한 친구 사이에서 탈피하려는 경우에는 'escape the friend-zone'이라고 쓸 수 있음.

Practice

1 너는 맨날 친구로만 있었어.

2 나는 더 이상 친구로만 있지 않겠어.

3 그가 나를 완전히 친구로 못 박아버렸어.

4 너 친구 사이를 벗어나려는 노력도 안 했잖아.

주요 장면 STUDY

Rachel Oh Ross, you're so great.

Rachel 아 Ross, 넌 정말 좋은 녀석이야.

Joey It's never gonna happen.

Joey 전혀 일어나지 않는다니까.

Ross What?

Ross 뭐가?

Joey You and Rachel.

Joey 너랑 Rachel 말이야.

Ross What? Why not?

Ross 뭐? 안 될 거 뭐 있어?

Joey Because you waited too long to make your move, and now you're **in the friend zone**.

Joey 네가 너무 오래 눈치만 봐서 너는 그냥 친구로 자리 잡은 거야.

- make your move : 조취를 취하다, 행동을 취하다.
- in the friend zone : 친구로 자리 잡은

mess someone up

~를 망치다 (엉망으로 만들다)

Ross I will, I will. I'm just, see, I'm waiting for the right moment. What? What, now?

Ross 데이트 신청할 거야. 그냥 적당한 순간을 기다리고 있는 거라고. 뭐, 지금 하라고?

Joey Yeah! **What's messing you up?** The wine? The candles? The moonlight?

Joey 그래, 도대체 뭐가 널 힘들게 하고 있는 건데? 이 와인? 양초? 아니면 달빛?

- **mess** = 엉망인 상태.
- **messy** : 지저분한, 엉망인
- **mess up** = 엉망으로 만들다.
- **mess up someone** = 누군가를 힘들게 하다, 안 좋은 상태로 만들다.
- **mess up something** = 어떠한 일을 망치다.

Practice

1. 당신을 객석에서 본 순간 다 망쳤어요.
2. 술을 너무 많이 마시는 건 당신을 망칠 수 있어요.
3. 나 이번에 완전히 시험 망쳤어.
4. 나 이번에는 정말 잘하고 싶어.

주요 장면 STUDY

Joey Look Ross, If you don't ask her out soon, you're gonna end up stuck in the zone forever.

Joey 봐봐, Ross, 빨리 그녀에게 데이트 신청하지 않으면, 넌 결국에는 친구 사이에 갇혀 버릴 거야.

Ross I will, I will. I'm just, see, I'm waiting for the right moment. What? What, now?

Ross 데이트 신청할 거야. 그냥 적당한 순간을 기다리고 있는 거라고. 뭐, 지금하라고?

Joey Yeah! **What's messing you up?** The wine? The candles? The moonlight?

Joey 그래, 도대체 뭐가 널 힘들게 하고 있는 건데? 이 와인? 양초? 아니면 달빛?

- end up : 결국 ~로 끝나다.
- stuck : 갇힌, 움직일 수 없는
- the right moment : 적당한 순간
- mess up : 엉망으로 만들다. 망치다. 힘들게 하다.

shush someone

조용히 하라고 하다

Joey You just gotta go up to her and you gotta say, 'Rachel, I think that'.

Joey 그녀에게 바로 가서 이렇게 말해, 'Rachel, 사실은 말이야'

Ross 쉬!

Rachel **What are you shushing?**

Rachel 너희 뭘 숨기는 건데?

Note

- **Shush!** = 조용히 해! (= **be quiet**) / 우리나라의 '쉿!' (감탄사)
- **Shush someone** = 상대에게 조용히 하라고 말하다 (동사)

주의 비격식적인 표현이므로 격식을 차리는 상황이나 윗사람에게는 쓰지 말 것.

Practice

1. 조용히 좀 해! TV 좀 보자.
2. 제발 조용히 좀 해줄래?
3. 우리 엄마는 늘 나한테 조용히 하라고 했어.
4. 저한테 조용히 하라고 하지 마세요!

주요 장면 STUDY

Joey You just gotta go up to her and you gotta say, 'Rachel, I think that'

Joey 그녀에게 바로 가서 이렇게 말해, 'Rachel, 사실은 말이야'

Ross 쉬!

Rachel **What are you shushing?**

Rachel 너희 뭘 숨기는 건데?

Ross We're shushing because we're trying to hear something. Listen. Don't you hear that?

Ross 우리 뭐 좀 들어보려고 조용히 하고 있었어. 들어 봐. 들려?

Rachel Ah!

Rachel 아!

Ross See?

Ross 들려?

Rachel Huh.

Rachel 응.

- shush : 쉿 하라고 말하다.

loathe someone

~를 혐오하다

Chandler 'Alright, alright, damage control. Get back to the gum.' You know, on second thought, gum would be perfection. 'Gum would be perfection?, Gum would be perfection. Could have said 'gum would be nice,' could have said 'I'll have a stick,' but no, no, no, no. For me, gum is perfection.' **I loathe myself.**

Chandler '좋아, 좋아, 수습하자. 다시 껌 얘기를 해보는 거야.' 다시 생각해보니, 껌이 완벽일 거 같아요! '껌이 완벽일 거 같다고? 껌이 완벽하다니. 껌 좋을 것 같네요 라던가, 껌 하나만 주세요.라고 말할걸. 아니, 아니, 나한테는 껌도 완벽하지.' 나 정말 혐오스럽다.

Note

- 우리가 일상에서 '나도 내가 싫다'라는 말을 하는 것처럼 영어에서도 농담처럼 "**I hate myself**"를 많이 씀.
  이 상황의 "**I loathe myself**"는 코믹한 장면 연출을 위해 조금 더 과장되어서 쓴 케이스.
- 싫어하는 정도 : **loathe** (혐오) > **hate** (싫어함) > **dislike** (좋아하지 않음)

Practice

1. 나는 바퀴벌레를 혐오해.
2. 우리 할머니는 뱀을 혐오하셔.
3. 나는 이거 그냥 싫어하는 게 아니고 혐오해.
4. 네 직업이 그렇게 싫으면 다른 일을 찾아보는 게 어때?

주요 장면 STUDY

빵 플 릭 스 1

Chandler 'Alright, alright, damage control. Get back to the gum.' You know, on second thought, gum would be perfection. 'Gum would be perfection?, Gum would be perfection. Could have said 'gum would be nice,' could have said 'I'll have a stick,' but no, no, no, no. For me, gum is perfection.' **I loathe myself.**

Chandler '좋아, 좋아, 수습하자. 다시 껌 얘기를 해보는 거야.' 다시 생각해보니, 껌이 완벽일 거 같아요! '껌이 완벽일 거 같다고? 껌이 완벽하다니. 껌 좋을 것 같네요 라던가, 껌 하나만 주세요.라고 말할걸. 아니, 아니, 나한테는 껌도 완벽하지.' 나 정말 혐오스럽다.

- damage control : 피해 대책, 수습책
- get back to ~ : ~ 로 돌아가다
- second thought : 재고, 다시 생각함
- on second thought : 재고해보니까
- perfection : 완벽
- could have said : ~라고 말했어야 했는데.
- stick : 막대기, 껌을 셀 때 사용; a stick of gum 껌 하나
- loathe : 혐오하다.

be / get back on track

(올바른 길로) 다시 돌아오다, 원점으로 돌아가다

Chandler 'Good save! **We're back on track**, and I'm, chewing someone else's gum. This is not my gum. Oh my God! Oh my God! And now you're choking.'

Chandler 잘 넘어갔다! 이제 원점으로 돌아온 거야. 근데 지금 다른 사람 껌을 씹는 거 같아. 이거 내 껌이 아니잖아. 으악, 으악, 가만, 나 지금 껌이 목에 걸렸어!

Jill Are you alright?

Jill 괜찮아요?

Note

- **track** = 길 (원래 가야할 길)
- **be on-track** = 올바르게 가다
- **be off-track** = 올바르지(일반적이지) 않은 길을 가다
- **be back on track** = 다른 곳으로 갔다가 다시 올바른 길로 돌아왔다

Practice

1. 우리 계획은 다시 제자리로 돌아왔어.
2. 그의 사업은 다시 제자리를 찾았어.
3. 나는 내 삶을 다시 제자리로 되돌려놓으려고 노력하고 있어.
4. 제가 제자리로 돌아갈 수 있도록 도와주실래.

주요 장면 STUDY

Chandler 'Ok. What next? Blow a bubble. A bubble's good. It's got a boyish charm, it's impish. Here we go.'

Chandler '좋아, 이젠 뭐지? 풍선껌을 풀어보자. 그게 좋겠네. 천진난만함을 갖는 거야. 개구쟁이처럼. 자 해보자'

Chandler 'Nice going, imp. OK, it's OK. All I need to do is reach over and put it back in my mouth.'

Chandler '잘 뱉었어, 악동아, 좋아 괜찮아. 이제 다시 손을 뻗어서 입속에 다시 넣으면 돼'

Chandler 'Good save! **We're back on track**, and I'm, chewing someone else's gum. This is not my gum. Oh my God! Oh my God! And now you're choking.'

Chandler 잘 넘어갔다! 이제 원점으로 돌아온 거야. 근데 지금 다른 사람 껌을 씹는 거 같아. 이거 내 껌이 아니잖아. 으악, 으악, 가만, 나 지금 껌이 목에 걸렸어!

Jill Are you alright?

Jill 괜찮아요?

- blow : 불다
- bubble : 풍선껌
- a boyish charm : 천진난만한 소년같은 매력
- impish : 장난끼 있는, 개구장이의
- imp : 악동
- good save : 잘 넘어감, 잘 수습함.
- be back on track : 원점으로 오다, 회복하다.
- chew : 씹다
- choke : 목에 걸리다, 질식하다.

un-someone

~답지 않다

Ross That's. that's classic.

Ross 그거야 뻔하지.

Rachel Oh my God, you guys, what am I doing? What am I doing? **This is so un-me!**

Rachel 세상에, 애들아, 내가 왜 이러지? 왜 이러지? 나 같지가 않아.

Monica If you want, I'll do it.

Monica 원한다면, 내가 할게.

Note

- un = 'not'이라는 뜻으로 뒤에 붙어서 나오는 단어를 부정할 때 쓰이는 prefix.

  i.e unhappy, unlucky, unfair, un-me, un-you

  [해당 접두사를 일상에 가져와 쓴 slang 표현으로 표준어는 아님]

Practice

1 이렇게 행동하는 건 너답지 않아.

2 수업에 늦다니 정말 나답지 않아.

주요 장면 STUDY

Ross Hey, what did he say that was so funny?

Ross 근데, 남자가 뭐라고 했는데 그렇게 즐거워?

Rachel I have absolutely no idea.

Rachel 정말 하나도 모르겠어.

Ross That's. that's classic.

Ross 그거야 뻔하지.

Rachel Oh my God, you guys, what am I doing? What am I doing? **This is so un-me!**

Rachel 세상에, 애들아, 내가 왜 이러지? 왜 이러지? 이러는 거 나 같지가 않아.

Monica If you want, I'll do it.

Monica 원한다면, 내가 할게.

Phoebe I know, I just want to bite his bottom lip. But I won't.

Phoebe 그치, 저 남자 아랫입술을 꽉 깨물고 싶다. 뭐 안 그럴 거지만.

- classic : 전형적인, 고전적인
- that's classic : 뻔해
- un-me : 나답지 않은
- This is so un-me : 이러는 거 나 같지가 않다.
- bite : 깨물다
- bottom : 아래
- lip : 입술

have got to

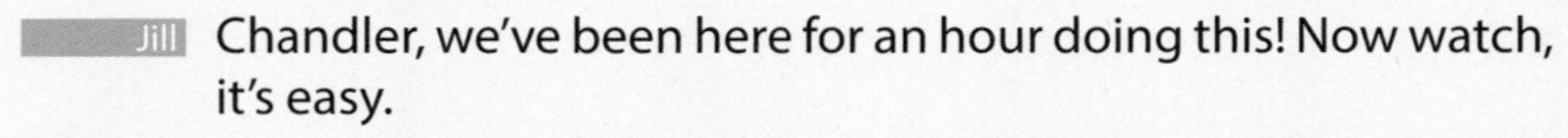

Jill Chandler, we've been here for an hour doing this! Now watch, it's easy.

Jill Chandler, 우리 이거 한 시간째 하고 있어요. 자 봐요. 쉬워요.

Chandler OK.

Chandler 좋아요.

Jill Ok? then try it.

Jill 준비됐어요? 그럼 해봐요.

Jill No, **you've got to whip it**.

Jill 아니, 홱 돌려야 해요.

[have to / must / have got to의 구분]

I have to / should **do something** = 해야 하는 일 (하기 싫은 상황일수도 있음)

I must **do something**. = 무조건 해야 한다는 강력한 표현

I have got to (gotta) **do something**. = 비격식적 표현. 일상에서는 더 자연스럽게 많이 쓰이는 표현.

Practice

1. 나 이제 집에 가야 해.

2. 나 지금부터 돈 모아야 해.

3. 나 너랑 이야기해야 해.

4. 이거 너무 맛있어. 꼭 먹어봐야 돼.

주요 장면 STUDY

Jill Chandler, we've been here for an hour doing this! Now watch, it's easy.

Jill Chandler, 우리 이거 한 시간째 하고 있어요. 자 봐요. 쉬워요.

Chandler OK.

Chandler 좋아요.

Jill Ok? then try it.

Jill 준비됐어요? 그럼 해봐요.

Jill No, **you've got to whip it**.

Jill 아니, 홱 돌려야 해요.

- have got to : ~해야 한다.
- whip : 후려치다, 홱 돌리다.

me neither

나도 그렇지 않다 (부정에 동의) (vs. me too)

Joey Not me.

Joey 난 아니야.

Ross No no, **me neither**.

Ross 아니, 아니, 나도 아니야.

[질문에 대한 답변의 차이]

한국 : "나는 그렇게 생각하지 않아" : "나도" = "나도 그렇게 생각하지 않는다."

미국 : "**I don't think that way**" : "**Me too**"를 써도 되지만 조금 더 정확하게는 "**Me neither**"

- **Me too** = 긍정에 동의 (나도 그래)
- **Me neither** = 부정에 동의 (나도 안 그래)

: '**do not**'을 사용하는 문장에는 "**Neither do I**"도 가능

i.e I think so. = Me, too.
I don't think so = Me, neither. / Neither do I.

Practice

1 나는 잘 이해가 안 돼요.
저도요.

2 저는 집에 가기 싫지 않아요.
저도요.

3 저는 그녀가 싫어요.
저도요.

4 저는 미국에 한 번도 가본 적이 없어요.
저도요.

주요 장면 STUDY

Rachel Um yeah. Well, I mean, when I first met you, you know, I thought maybe, possibly, you might be.

Rachel 음. 맞아. 그게, 내가 널 처음 봤을 때, 있지, 어쩌면 네가 그럴 수도 있겠다고 생각했거든.

Chandler You did?

Chandler 그랬어?

Rachel Yeah, but then you spent Phoebe's entire birthday party talking to my breasts, so then I figured maybe not.

Rachel 응, 근데 너가 Phoebe 생일파티 내내 내 가슴만 보고 얘기하는 거 보고 아닐 수도 있겠다고 생각했었지.

Chandler Huh. Did, uh, any of the rest of you guys think that when you first met me?

Chandler 헐, 너희들도 날 처음 봤을 때 그런 생각했어?

Monica I did.

Monica 난 그랬어.

Phoebe Yeah, I think so, yeah.

Phoebe 응, 그랬던 거 같아.

Joey Not me.

Joey 난 아니야.

Ross No no, **me neither**.

Ross 아니, 아니, 나도 아니야.

- maybe : 아마도, 혹시
- possibly : 어쩌면 (maybe 보다 좀 더 확신 있는 추측)
- might be : ~일지 모른다. (may be 보다 더 불확실한 추측)
- entire : 전체, 내내
- breast : 가슴
- figure : 생각하다, 판단하다.
- me neither : 나도 그렇지 않다.

have a quality

특별한 점이 있다, 수준이 높다

All Yeah! Right!

All 응, 물론!

Chandler What is it?

Chandler 도대체 뭐가 문제냐고.

Monica Okay, I don't know, you, you just, **you have a quality**.

Monica 음, 잘 모르겠지만, 넌, 넌 좀 그런 자질이 있어.

Note

• quality - 형 우수한, 양질의, 고급의 (excellence, quality food)
명 품질, 성질 (character, nature)

i.e

How is the quality of this food? : 이 음식의 품질은 어떤가요?
How is the quality of this bed? : 이 침대의 품질은 어떤가요?
He / She has a quality. : 그 / 그녀는 자질이 있어.

Practice

1 그녀는 확실히 뭔가 특별한 점이 있어.

2 그는 리더십이 있는 것 같아.

3 우리 아이들이 도덕성이 있었으면 좋겠어.

4 너의 음식은 미적인 감각이 있어.

주요 장면 STUDY

Chandler Well, this is fascinating. So, uh, what is it about me?

Chandler 와, 재미있네. 내 문제가 뭐야?

Phoebe I don't know, cause you're smart, you're funny.

Phoebe 글쎄, 넌 똑똑하고 재미있기 때문에?

Chandler Ross is smart and funny, did you ever think that about him?

Chandler Ross도 똑똑하고 재미있잖아. Ross도 그럴 거라고 생각해본 적 있어?

All Yeah! Right!

All 응, 물론!

Chandler What is it?

Chandler 도대체 뭐가 문제냐고.

Monica Okay, I don't know, you, you just, **you have a quality**.

Monica 음, 잘 모르겠지만, 넌, 넌 좀 그런 자질이 있어.

- fascinating : 흥미로운
- What is it about me? : 내 문제가 뭐야?
- have a quality : 자질이 있다.

a matter of hours

몇 시간 안에

Ross So, uh, how's she doing?

Ross 할머니 어떠세요?

Aunt Lillian The doctor says **it's a matter of hours**.

Aunt Lillian 의사 선생님 말씀으로는 몇 시간 못 버티실 거래.

Monica How, how are you, Mom?

Monica 엄마는 어때요?

Note

- matter of ~ : ~시간 안에
- matter of hours : 몇 시간 안에 (in a few hours)
- matter of minutes : 몇 분 안에 (in a few minutes)
- matter of seconds : 몇 초 안에 (in a few seconds)

Practice

1. 나 몇 시간 안에 일 끝나.
2. 그는 몇 분 안에 도착할 거야.
3. 나는 몇 초 차이로 버스를 놓쳤어.
4. 그 선수는 몇 초 차이로 이겼어.

주요 장면 STUDY

Ross So, uh, how's she doing?

Ross 할머니 어떠세요?

Aunt Lillian The doctor says **it's a matter of hours.**

Aunt Lillian 의사 선생님 말씀으로는 몇 시간 못 버티실 거래.

Monica How, how are you, Mom?

Monica 엄마는 어때요?

Mrs. Geller Me? I'm fine, fine. I'm glad you're here. What's with your hair?

Mrs. Geller 나? 나는 괜찮다. 좋아. 와줘서 고맙구나. 머리가 근데 왜 그러니?

Monica What?

Monica 네?

Mrs. Geller What's different?

Mrs. Geller 뭐가 달라졌는데?

Monica Nothing.

Monica 아니요.

Mrs. Geller Oh, maybe, that's it.

Mrs. Geller 아, 그러면 됐고.

- a matter of hours : 몇 시간 안에 / 시간 문제의
- what's with ~ : ~ 는 왜 그러니?

cover

언급하다, 다루다

Monica She is unbelievable, her mother is.

Monica 엄마 어이가 없어. 할머니가.

Ross Okay, relax, relax. Ok. We are gonna be here for a while, it looks like, and we still have boyfriends and your career **to cover**.

Ross 알았어, 참아, 참아. 그래. 우리 여기 당분간 있어야 할텐데, 아직 네 남자친구랑 일 얘기는 언급조차 안 했어.

• **cover**

1 ~를 덮다, 씌우다 (i.e cover the car, cover the table)
2 (내용의 특정 범위를) 언급하다, 다루다 (= to deal with something)

Practice

1 우리 오늘 다뤄야 할 내용이 많아.

2 내가 앞 부분을 맡을게.

3 우리가 회의에서 언급한 내용들을 꼭 다 다뤄주세요.

4 당신이 중요한 부분은 다 다룬 것 같아요.

주요 장면 STUDY

빵 플 릭 스 1

Monica She is unbelievable, her mother is.

Monica 엄마 어이가 없어. 할머니가.

Ross Okay, relax, relax. Ok. We are gonna be here for a while, it looks like, and we still have boyfriends and your career **to cover**.

Ross 알았어, 참아, 참아. 그래. 우리 여기 당분간 있어야 할텐데, 아직 네 남자친구랑 일 얘기는 언급조차 안 했어.

Monica Oh God!

Monica 세상에!

- unbelievable : 믿을 수 없는
- relax : 진정하다
- for a while : 당분간
- career : 경력, 이력, 직업
- to cover : 언급할, 다룰

When my time comes

내 (운명의) 시간이 오면

Mr. Geller I was just thinking. When my time comes.

Mr. Geller 내가 잠깐 생각해봤는데, 내가 죽으면.

Monica Dad!

Monica 아빠!

Mr. Geller Listen to me! **When my time comes**, I wanna be buried at sea.

Mr. Geller 잘 들으라고, 내가 죽으면, 바다에 묻거라.

['The time' vs. 'my time']

- The time = 그 시간, 특정한 때

  i.e The time has come = 때가 왔다

- My time : 나에게 특정한 시간

  i.e My time came = 나의 시간이 왔다 (기회, 운명, 죽음 등)

  When my time comes = 내가 죽을 때가 되면

Practice

1 내가 죽는 순간이 오면 내 가족들과 같이 묻히고 싶어.

2 나는 죽는 순간이 오면 후회가 없을 거야.

3 그 때가 오면 나는 준비되어 있을 거야.

4 그 때가 되면 내가 다 말해줄게.

주요 장면 STUDY

빵 플 릭 스 1

Mr. Geller I was just thinking. When my time comes.

Mr. Geller 내가 잠깐 생각해봤는데, 내가 죽으면.

Monica Dad!

Monica 아빠!

Mr. Geller Listen to me! **When my time comes**, I wanna be buried at sea.

Mr. Geller 잘 들으라고, 내가 죽으면, 바다에 묻거라.

Monica You what?

Monica 뭐라고요?

Mr. Geller I wanna be buried at sea, it looks like fun.

Mr. Geller 바다에 묻히고 싶어. 재미있잖니.

Monica Define fun.

Monica 뭐가 재미있는데요?

Mr. Geller Come on, you'll make a day of it! You'll get a boat, pack a lunch.

Mr. Geller 봐봐, 하루만 시간을 내. 보트를 타고, 점심까지 준비하고.

Monica And then we throw your body in the water, Gee, that does sound fun.

Monica 그리고 나서 아빠 시신을 바다에 던지라고요? 세상에. 참 재밌네요.

- when my time comes : 내가 죽으면, 운명의 시간이 오면
- be buried : 묻히다
- define : 정의하다
- make a day of it : 하루 종일 하다, ~하기 위해 하루를 빼다

It's a shame

안타까운 일이다

Shelley You know, **it's a shame**, because you and Lowell would've made a great couple.

Shelley 근데 정말 안타깝네요. 당신이랑 Lowell 진짜 잘 어울렸을 것 같은데.

Chandler Lowell? Financial Services' Lowell, that's who you saw me with?

Chandler Lowell? 금융 업무과의 Lowell이요? 그를 저랑 소개시켜준다는 거였어요?

Note

- **shame**: (명) 창피한 일, 부끄러운 일, 안타까운 일 (동) 창피하게 하다
- **shame on you**: 부끄러운 줄 알아. 네 탓이야.
- **It's a shame**: 그건 참 부끄러운 일이다. (비난) / 안타까운 일이다. (아쉬움)

Practice

1. 네가 못 오는 건 정말 안타까운 일이야.
2. 너희들이 헤어진 건 정말 안타까운 일이야.
3. 그 선수가 그렇게 쉬운 경기에서 진 건 부끄러운 일이야.
4. 당신이 이렇게 중요한 미팅에 늦은 건 정말 부끄러운 일이에요.

주요 장면 STUDY

Chandler So, uh what do you think it is about me?

Chandler 근데, 내 문제가 무엇인 거 같아요?

Shelley I don't know, uh, you just have a.

Shelley 글쎄요, 당신은 그냥.

Chandler Quality, right, great.

Chandler 자질이요? 그래. 맞아요.

Shelley You know, **it's a shame**, because you and Lowell would've made a great couple.

Shelley 근데 정말 안타깝네요. 당신이랑 Lowell 진짜 잘 어울렸을 것 같은데.

Chandler Lowell? Financial Services' Lowell, that's who you saw me with?

Chandler Lowell? 금융 업무과의 Lowell이요? 그를 저랑 소개시켜준다는 거였어요?

Shelley What? He's cute!

Shelley 왜요? 귀엽잖아요.

Chandler Well, yeah

Chandler 뭐, 그래요.

- what do you think it is about me? : 내 문제가 무엇인 거 같아요?
- quality : 수준, 기질, 자질
- It's a shame : 안타깝네요.
- Financial Services : 금융 서비스(업무)

dress up

차려입다

Ross What, we, uh, we don't have shoes here, or?

Ross 뭐, 미국에는 신발이 없냐?

Joey Morning. We ready to go?

Joey 안녕, 갈까?

Chandler Well, **don't we look nice all dressed up**? It's stuff like that, isn't it?

Chandler 이렇게 다 차려입으니까 멋지지 않니? 이거 그런 거지?

Note

- **dress** : 명 드레스, 원피스
  동 옷을 입다 / 입히다 (**get** dressed / dress **someone**)
- **dress up** : 옷을 (평소보다) 차려입다.
- **dress down** : 옷을 (평소보다) 간편하게 입다. (i.e "**Dress Down Day**")

Practice

1 오늘 왜 이렇게 차려입었어?

2 저 사람들은 왜 저렇게 차려입었대?

3 나 내일 저녁 식사 자리에 완전 차려입고 갈 거야.

4 우리들은 금요일마다 다들 편안하게 옷을 입어요.

주요 장면 STUDY

Phoebe **Hi, sorry I'm late, I couldn't find my bearings.**

Phoebe 안녕, 늦어서 미안. 내 비걸이를 찾을 수가 없었거든.

Rachel **Oh, you, you mean your earrings?**

Rachel 아, 혹시 귀걸이를 말한 거 아니야?

Phoebe **What did I say?**

Phoebe 내가 뭐라고 했니?

Rachel **Hm-m.**

Rachel 흐음

Monica **Are these the shoes?**

Monica 이게 그 신발이야?

Rachel **Yes. Paolo sent them from Italy.**

Rachel 응! Paolo 가 이탈리에서 보내줬어.

Ross **What, we, uh, we don't have shoes here, or?**

Ross 뭐, 미국에는 신발이 없냐?

Joey **Morning. We ready to go?**

Joey 안녕, 갈까?

Chandler Well, **don't we look nice all dressed up**? It's stuff like that, isn't it?

Chandler 이렇게 다 차려입으니까 멋지지 않니? 이거 그런 거지?

- earrings : 귀걸이
- dress up : 차려입다.
- don't we look nice all dressed up? : 이렇게 다 차려입으니까 멋지지 않니?
- stuff like that : 그런 것, 그런 류

pick on something

트집을 잡다

Mrs. Geller Tell her what?

Mrs. Geller 뭘 말해?

Monica How she drove you crazy, **picking on every little detail**, like your hair, for example.

Monica 할머니가 예를 들어, 머리 스타일이던가, 작은 것까지 트집 잡아서 엄마를 얼마나 힘들게 했는지요.

Note

- pick = 고르다, 선택하다 (i.e pick me) - 긍정, 부정 둘 다 가능
- pick on someone = ~를 괴롭히다, 못살게 굴다, 트집을 잡다 - 거의 부정적인 의미

Practice

1. 우리 오빠는 맨날 나를 괴롭혔어요.
2. 너는 왜 맨날 나를 괴롭혔어?
3. 너의 관심을 끌고 싶어서 괴롭혔어.
4. 우리 상사가 나를 그만 트집 잡았으면 좋겠어.

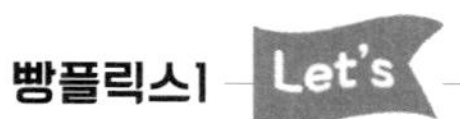

주요 장면 STUDY

Monica So tell me something, Mom. If you had to do it all over again, I mean, if she was here right now, would you tell her?

Monica 궁금한 게 있어요, 엄마. 처음부터 다시 시작한다고 하면, 제 말은, 할머니가 지금 여기 계신다면, 엄마는 할 말 다 할 거예요?

Mrs. Geller Tell her what?

Mrs. Geller 뭘 말해?

Monica How she drove you crazy, **picking on every little detail**, like your hair, for example.

Monica 할머니가 예를 들어, 머리 스타일이라든가, 작은 것까지 트집 잡아서 엄마를 얼마나 힘들게 했는지요.

- tell me something : 말해줘요, 궁금해요.
- all over again : 처음부터 다시
- drive someone crazy : ~를 귀찮게 하다.
- pick on every little detail : 사소한 것까지 트집 잡다.

get at something

어떤 말을 하려고 하다

Monica How she drove you crazy, picking on every little detail, like your hair, for example.

Monica 할머니가 예를 들어, 머리 스타일이라든가, 작은 것까지 트집 잡아서 엄마를 얼마나 힘들게 했는지요.

Mrs. Geller I'm not sure I know **what you're getting at**.

Mrs. Geller 네가 무슨 말이 하고 싶은 건지 난 잘 모르겠구나.

Note

- **get** 1 닿다(reach), 도달하다.

  i.e I can't get at the dishes.

  2 (진실을) 알아내다

  i.e get at the truth

  3 말을 하고자 한다. (말의 의도)

  i.e What are you trying to get at?
  That's what I'm trying to get at.

Practice

1 네가 무슨 말을 하고 싶은 건지 잘 모르겠어.

2 그녀가 무슨 말을 하려는 건지 너 이해하니?

3 너한테 화났다는 얘기를 하는 것 같아.

4 네가 나를 그렇게 쳐다보면 무슨 말을 하고 싶은지 난 모르겠어.

주요 장면 STUDY

빵 플 릭 스 1

Monica How she drove you crazy, picking on every little detail, like your hair, for example.

Monica 할머니가 예를 들어, 머리 스타일이라든가, 작은 것까지 트집 잡아서 엄마를 얼마나 힘들게 했는지요.

Mrs. Geller I'm not sure I know **what you're getting at**.

Mrs. Geller 네가 무슨 말이 하고 싶은 건지 난 잘 모르겠구나.

Monica Do you think things would have been better if you just told her the truth?

Monica 할머니께 사실대로 말했으면, 상황이 좀 나아졌을까요?

- get at ~ : ~에 도달하다.
- get at something : 어떤 말을 하려고 하다.
- what' you're getting at : 어디에 (어떤 주제에) 도달하려 하는지, 네가 무슨 말이 하고 싶은지를

left unsaid

언급되지 않은

Monica Do you think things would have been better if you just told her the truth?

Monica 할머니께 사실대로 말했으면, 상황이 좀 나아졌을까요?

Mrs. Geller No. I think something **is better left unsaid**. I think it's nicer when people just get along.

Mrs. Geller 아니, 어떤 건 그냥 언급하지 않는 게 좋을 수도 있단다. 그냥 적당히 맞춰주는 게 더 좋은 거란다.

Note

- leave ❶ 떠나다. ❷ (그대로) 내버려두다
- leave something ~ ~한 상태로 (위치에) 두다

i.e Leave me alone. 나 좀 내버려둬.
Leave it in the car. 차 안에 놔둬

- be left ~ ~한 상태로 두어 지다
- be left unsaid : 말하지 않은 상태로 그냥 두다.

Practice

1 걔 그냥 두는 게 좋을 것 같아.

2 가방 차 안에 두고 가도 돼?

3 부정적인 말들은 하지 않는 게 가끔은 더 좋을 거 같아.

4 어떤 감정은 표현되지 않은 상태로 두는 게 더 좋아.

주요 장면 STUDY

Monica Do you think things would have been better if you just told her the truth?

Monica 할머니께 사실대로 말했으면, 상황이 좀 나아졌을까요?

Mrs. Geller No. I think something **is better left unsaid**. I think it's nicer when people just get along.

Mrs. Geller 아니, 어떤 건 그냥 언급하지 않는 게 좋을 수도 있단다. 그냥 적당히 맞춰주는 게 더 좋은 거란다.

Monica Huh.

Monica 그래요.

Mrs. Geller More wine, dear?

Mrs. Geller 와인 더 할래?

Monica Oh, I think so.

Monica 그래요.

Mrs. Geller Those earrings look really lovely on you.

Mrs. Geller 그 귀걸이 너한테 정말 잘 어울리는구나.

Monica Thank you. They're yours.

Monica 고마워요. 엄마가 주셨어요.

Mrs. Geller Actually they were Nana's.

Mrs. Geller 사실 할머니 것이었단다.

- left unsaid : 언급되지 않은
- be better left unsaid : 언급되지 않는 게 더 낫다.
- get along : 잘 지내다, 맞춰 지내다.
- dear : 소중한 사람에게 사용하는 별칭

the whole ~ thing

~과 관련된 것들 (~어쩌구, ~뭐시기)

Rachel It's so that I can spend Thanksgiving with my family. See, every year we go skiing in Vail, and normally my father pays for my ticket, but I sort of started **this whole independence thing**, you know, which is actually why I took this job.

Rachel 가족과 추수감사절 보내려고요. 매년 Vail에서 스키를 타거든요, 늘 아버지가 제 티켓값 지불하셨고요, 근데 제가 이 독립 어쩌고 하는 거를 시작했잖아요. 그래서 이 일도 하게 된 거고요.

- The whole = 전체
- ~ thing = ~와 관련된 것들 : 보통 부정적이거나 유난히 가볍게 취급하는 것 (~어쩌구, ~뭐시기)
- the whole ~ thing : 가볍게 여길 때, 비꼬듯이 얘기할 때

i.e 투자 어쩌고 하는 거 이해가 안 돼. = I don't understand the whole investment thing.

Practice

1 나는 연예인 어쩌고 하는 것들에 별로 관심이 없어.

2 그녀는 요리 어쩌고 하는 것들에 엄청 열정적이야.

3 그녀는 공주 어쩌고 하는 것들에 완전 미쳐 있어. (열광해).

4 그가 계속 말하던 군대 어쩌고 하는 얘기는 정말 지루했어.

주요 장면 STUDY

빵 플 릭 스 1

Terry An advance?

Terry 가불이라고?

Rachel It's so that I can spend Thanksgiving with my family. See, every year we go skiing in Vail, and normally my father pays for my ticket, but I sort of started **this whole independence thing**, you know, which is actually why I took this job.

Rachel 가족과 추수감사절 보내려고요. 매년 Vail에서 스키를 타거든요, 늘 아버지가 제 티켓값 지불하셨고요, 근데 제가 이 독립 어쩌고 하는 거를 시작했잖아요. 그래서 이 일도 하게 된 거고요.

- advance : 선금, 가불
- It's so that ~ : ~하기 위해서이다.
- Vail : 미국 Colorado 주에 위치한 스키장
- normally : 보통은, 평소에는
- sort of : 뭐랄까
- the whole independence thing : 독립 관련된 것들.

give an advance

(급여를) 가불해주다, 선불로 주다

Rachel Excuse me, sir. Hi, you come in here all the time. I was just wondering, do you think there's a possibility that you could **give me an advance** on my tips?

Rachel 실례지만, 안녕하세요. 자주 오셨었죠? 혹시, 어차피 주실 건데, 제 팁 선불로 좀 주실 수 있을까 해서요.

A man Huh?

A man 네?

Note

- advance = 진전, 승진, 발전
- in advance = 미리
- do something in advance = 미리 무언가를 하다.
- give something in advance = 미리 무언가를 주다.
- give the salary in advance = 급여를 미리 주다.
- give an advance = 가불해주다. (to be paid early for a job)
- give an advance on something : ~를 가불해주다.

Practice

1. 다음 달 제 월급을 가불받을 수 있을까요?
2. 제 용돈을 가불해주실 수 있을까요?
3. 지금 저한테 월급을 가불해달라는 건가요?
4. 죄송하지만 가불은 해줄 수 없어요.

주요 장면 STUDY

빵 플 릭 스 1

Rachel Excuse me, sir. Hi, you come in here all the time. I was just wondering, do you think there's a possibility that you could **give me an advance** on my tips?

Rachel 실례지만, 안녕하세요. 자주 오셨었죠? 혹시, 어차피 주실 건데, 제 팁 선불로 좀 주실 수 있을까 해서요.

A man Huh?

A man 네?

Rachel Ok, ok, that's fine. Fine. Hey, I'm sorry about that spill before. Only $98.50 to go.

Rachel 알았어요. 네 좋아요. 아 전에 물 쏟은 거 미안했어요. 98불 50센트 남았네.

- all the time : 항상, 내내, 줄곧
- I was just wondering : ~ 할 수 있을까 해서요.
- give me an advance : 가불해주다, 선불로 주다.
- spill : 쏟다.
- ~ to go : 목적에 도달하기까지 ~가 남다.

chip in

돈을 보태다

Monica Would you just open it?

Monica 그냥 열어볼래?

Rachel Oh my god, oh, you guys are great.

Rachel 어머 세상에, 너희들 정말 고맙다.

Monica **We all chipped in.**

Monica 우리 다 돈 보탰어.

- **chip** = 조각, 부스러기 (**potato chip, chocolate chip**)
- **chip in** = 힘, 능력, 돈 등을 보태다(**contribute, share the cost**)

Practice

1 우리가 다 같이 돈을 보태면 그를 도와줄 수 있을 거야.

2 각자 보탤 수 있는 만큼만 보태세요.

3 우리 모두 조금씩 보태서 너의 선물을 샀어.

4 이 여행을 위해서는 우리 모두 돈을 모아야 해.

주요 장면 STUDY

빵 플 릭 스 1

Monica Rach, here's your mail.

Monica Rach, 편지 왔어.

Rachel Thanks, you can just put it on the table.

Rachel 고마워, 탁자위에 올려놔.

Monica No, here's your mail.

Monica 아니, 편지 왔다고.

Rachel Thanks, you can just put it on the table.

Rachel 응 고마워. 탁자 위에 올려놔.

Monica Would you just open it?

Monica 그냥 열어볼래?

Rachel Oh my god, oh, you guys are great.

Rachel 어머 세상에, 너희들 정말 고맙다.

Monica We all chipped in.

Monica 우리 다 돈 보탰어.

Joey We did?

Ross 우리가?

Monica You owe me 20 bucks.

Monica 나한테 20불 내면 돼.

Rachel Thank you. Thank you so much!

Rachel 고마워, 정말 고마워!

- chip in : 돈을 보태다, 모으다
- owe : 빚지다, 신세 지다

on a dare

무모하게, 용감하게, 과감하게

Ross And everyone's telling me, you gotta pick a major, you gotta pick a major. So, **on a dare**, I picked paleontology. And you have no idea what I'm saying, because, let's face it, you're a fetus. You're just happy you don't have gills anymore.

Ross 다들 나보고 전공을 정해야 한다고 하니까 그래서 과감하게, 고생물학을 선택했단다. 아빠 말이 어렵지? 넌 태아니까 뭐 인정할 건 인정하자. 그래도 더 이상 정자는 아니니 좋잖니?

Note

- **dare** : 무모한 일 (**truth or dare** 진실게임)
- **do something on a dare**: 무모하게 해보다
- **dare someone to do something**: 다른 사람에게 무모한 행동을 시키다

Practice

1. 우리는 무모하게 절벽에서 뛰어내렸어.
2. 우리는 무모하게 이상한 젤리들을 먹어봤어.
3. 나는 용기 있게 그 말을 탔어.
4. 나는 용기 있게 그 과목을 (수강) 신청했어.

주요 장면 STUDY

Ross And everyone's telling me, you gotta pick a major, you gotta pick a major. So, **on a dare**, I picked paleontology. And you have no idea what I'm saying, because, let's face it, you're a fetus. You're just happy you don't have gills anymore.

Ross 다들 나보고 전공을 정해야 한다고 하니까 그래서 과감하게, 고생물학을 선택했단다. 아빠 말이 어렵지? 넌 태아니까 뭐 인정할 건 인정하자. 그래도 더 이상 정자는 아니니 좋잖니?

- dare : 도전, 모험 (주로, 용기를 증명할 때 하는 도전. 친구들끼리 내기로 많이 함)
- on a dare : 과감하게, 용감하게, 무모하게
- paleontology : 고생물학, 화석학
- let's face it : 현실을 직시하다, 인정할 건 인정하다, 그냥 받아들이다.
- fetus : 태아
- gills : 아가미 (정자일 때 가지고 있는)

only dogs can hear

소리가 크다 / 높다

Monica and it's my first Thanksgiving, and it's all burned, and, and I, I.

Monica 근데, 내 첫 번째 추수감사절 준비인데, 다 타버렸잖아.

Chandler Ok, Monica, **only dogs can hear you now**, so, look, the door's open. Here we go.

Chandler Monica, 너 목소리 너무 커. 문 열렸다, 들어가자.

- **dogs** : 청력이 뛰어나 인간보다 훨씬 높은 주파수의 소리를 들을 수 있음.
  - 성인 어른의 청취력 약 20,000Hz 이하 vs. 개의 청취력 약 47,000~65,000Hz
- '**only dogs can hear**'은 상대의 목소리 톤이 너무 높아져서 개만 들을 수 있다는 유머.
  : 일상에서 보통 유머로 활용.

Practice

1. 그녀는 화가 나면 소리 톤이 엄청 높아져.
2. 그녀의 웃음소리는 엄청 높아.
3. 이 노래는 너무 높아서 개만 들을 수 있어.
4. 저 가수 노래하고 있는 거야? 너무 높아서 개한테만 들리나봐.

주요 장면 STUDY

빵 플 릭 스 1

Monica and it's my first Thanksgiving, and it's all burned, and, and I, I.

Monica 근데, 내 첫 번째 추수감사절 준비인데, 다 타버렸잖아.

Chandler Ok, Monica, **only dogs can hear you now**, so, look, the door's open. Here we go.

Chandler Monica, 너 목소리 너무 커. 문 열렸다, 들어가자.

Joey Hey Chandler, don't lose this.

Joey Chandler 이거 잊어버리지 마.

Chandler Oh, no, no, no.

Chandler 아, 안 돼 안 돼, 안 돼

Monica Oh, god. Well, the turkey's burnt. Potatoes are ruined, potatoes are ruined, potatoes are ruined.

Monica 아 세상에, 터키 요리 다 탔고, 감자 요리는 망쳤어. 이 감자 요리도 망쳤고 저기 감자 요리도 망쳤네.

- be burned : 타다 be burnt
- only dogs can hear you now : 너무 시끄러워. 무슨 말인지 못 알아듣겠다.
- be ruined : 망치다

by all means

당연히 돼, 그렇게 해, 맘대로 해

Chandler Shall I carve?

Chandler 잘라도 될까?

Rachel **By all means.**

Rachel 그렇게 해.

Note

• by all means yes, of course, certainly

1 일반적으로 누군가 허락을 구할 때 흔쾌히 허락하는 표현으로 사용

2 꼭 질문에 대한 대답이 아니어도 미리 허락하는 말로 사용하기도 함

Practice

1 제가 친구들을 몇 명 더 초대해도 될까요?

그럼요.

2 제가 당신의 펜을 빌려도 될까요?

그럼요.

3 제가 화장실을 좀 다녀와도 될까요?

그럼요.

4 메뉴에 있는 거 아무거나 시키셔도 돼요.

그럼요.

5 오고 싶을 때 언제든 오셔도 돼요.

그럼요.

주요 장면 STUDY

Chandler **Shall I carve?**

Chandler 잘라도 될까?

Rachel **By all means.**

Rachel 그렇게 해.

Chandler **Alright, ok, who wants light cheese, and who wants dark cheese?**

Chandler 좋아, 라이트 치즈 먹을 사람? 그리고 다크 치즈 먹을 사람?

Ross **I don't even wanna know about the dark cheese.**

Ross 다크 치즈는 (느끼할 거 같아서) 알고 싶지도 않아.

Monica **Anybody wanna split this with me?**

Monica 이거 나랑 잘라서 나눠 먹을 사람?

Joey **Oh, I will.**

Joey 나.

Phoebe **Ooh, you guys have to make a wish.**

Phoebe 아, 너희들 소원 빌어야 해.

Monica **Make a wish?**

Monica 소원?

Phoebe **Come on, you know, Thanksgiving.**

Phoebe 추수감사절이잖아.

- Shall I ~ ? : 내가 ~ 해도 될까?
- by all means : 그렇게 해, 맘대로 해.
- light cheese : 칼로리가 적은 치즈
- dark cheese : 'light'에 빗대어서 'Chandler'가 만든 표현. 여러 장의 치즈.
- split : 자르다.
- make a wish : 소원을 빌다.

propose a toast

건배사를 하다

Chandler Alright, **I'd like to propose a toast**. Little toast here, ding ding. I know this isn't exactly the kind of Thanksgiving that all of you planned, but for me, this has been really great, you know, I think because it didn't involve divorce or projectile vomiting.

Chandler 좋아, 내가 건배사를 할게. 잠깐 잔 들고, 땡땡. 우리 모두가 원하던 추수감사절이 아닌 건 알아. 하지만 내게는 최고였어. 이혼도 없었고, 거하게 토한 사람도 없었으니까.

Note

- **toast** : 건배, 축배, 건배사
- **make a toast, give a toast, propose a toast** : 건배사를 하다

cf ~를 위하여 : here is to ~, cheers to ~, toast to~, to ~

Practice

1 네가 건배 제의할래?

2 너 아주 멋진 건배사를 했어.

3 기억에 남을 만한 건배사는 어떻게 하나요?

4 오늘은 제가 건배 제의할게요.

주요 장면 STUDY

Phoebe Ooh, you got the bigger half. What did you wish for?

Phoebe 아, Joey 너가 큰 조각 가졌네. 무슨 소원 빌었어?

Joey The bigger half.

Joey 큰 조각 달라고.

Chandler Alright, **I'd like to propose a toast**. Little toast here, ding ding. I know this isn't exactly the kind of Thanksgiving that all of you planned, but for me, this has been really great, you know, I think because it didn't involve divorce or projectile vomiting.

Chandler 좋아, 내가 건배사를 할게. 잠깐 잔 들고, 땡땡. 우리 모두가 원하던 추수감사절이 아닌 건 알아. 하지만 내게는 최고였어. 이혼도 없었고, 거하게 토한 사람도 없었으니까.

- propose a toast : 건배사를 하다
- exactly : 정확하게, 꼭
- for me : 내게는
- involve : 포함하다.
- divorce : 이혼
- projectile : 분출하는
- vomiting : 구토

you might want to ~

~하는 게 좋을 것 같다

Phoebe So you guys, I'm doing all new material tonight. I have twelve new songs about my mother's suicide, and one about a snowman.

Phoebe 애들아, 오늘 밤 완전 새로운 노래를 할 건데, 자살한 우리 엄마 주제로 12곡 하고, 눈사람 주제로 1곡이야.

Chandler **Might wanna** open with the snowman.

Chandler 눈사람 노래부터 하는 게 좋을 것 같아.

Note

- **Why don't you do something?** : 'You might wanna ~'보다 조금 더 강제성 있는 제안
- **You should do something.** : 'Why don't you ~'보다 조금 더 강제성 있는 제안
- **You might wanna do something.** : 상대가 기분 나쁘지 않게 특정 행동에 대한 제안

Practice

1. 너 오늘은 집에 있는 게 좋을 것 같아.
2. 너 오늘은 집에 일찍 가는 게 좋을 것 같아.
3. 너 시간 있을 때 뭐라도 먹는 게 좋을 거야.
4. 너 말 조심하는 게 좋을 거야.

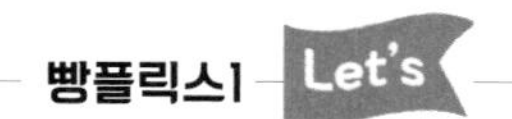

주요 장면 STUDY

Phoebe So you guys, I'm doing all new <u>material</u> tonight. I have twelve new songs about my mother's <u>suicide</u>, and one about a snowman.

Phoebe 애들아, 오늘 밤 완전 새로운 노래를 할 건데, 자살한 우리 엄마 주제로 12곡 하고, 눈사람 주제로 1곡이야.

Chandler **<u>Might wanna</u>** open with the snowman.

Chandler 눈사람 노래부터 하는 게 좋을 것 같아.

- material : 재료, 물질, 사물을 일컬음.
- suicide : 자살
- might wanna (want to) : ~하는 게 좋을 것 같다.

slap in the face

모욕적인 일

Monica So what are you gonna be?

Monica 그래서 어떻게 할 거야?

Joey Ah, I'm gonna be one of his helpers. It's just such a **slap in the face**, you know?

Joey 뭐, 보조 역할이나 하겠지. 근데 이건 진짜 너무 모욕적이야.

Note

- slap in the face: (직설) 뺨을 맞는 일 / (은유) 모욕적인 일
- get slapped in the face: (직설) 뺨을 맞다 / (은유) 모욕적인 일을 당하다

Practice

1. 나는 살면서 뺨을 맞아본 적이 없어.
2. 그 드라마에서 그는 김치로 뺨을 맞았어.
3. 그 일은 그녀에게 정말 모욕적인 일이었어.
4. 그 일에서 잘린 건 나에게 모욕적인 일이었어.

주요 장면 STUDY

All Hey, Joey. Hey, buddy.

All 안녕, Joey. 안녕 친구.

Monica So, how did it go?

Monica 어떻게 됐어?

Joey Ah, I didn't get the job.

Joey 휴, 일 못 구했어.

Ross How could you not get it? You were Santa last year.

Ross 어떻게 못 구해? 작년에 산타였잖아.

Joey I don't know. Some fat guy's sleeping with the store manager. He's not even jolly, it's all political.

Joey 몰라. 어떤 뚱뚱한 녀석이 매니저랑 밤을 같이 보냈나봐. (산타하기엔) 별로 쾌활하지도 않는데, 너무 정치적이야.

Monica So what are you gonna be?

Monica 그래서 어떻게 할 거야?

Joey Ah, I'm gonna be one of his helpers. It's just such a **slap in the face**, you know?

Joey 뭐, 보조 역할이나 하겠지. 근데 이건 진짜 너무 모욕적이야.

- jolly : 쾌활한, 즐거운
- political : 정치적인
- helper : 보조자, 도와주는 사람
- such a : 너무
- slap in the face : 모욕적인 일.

You're on

너의 차례다

All Woooo! Yeah!

All 와우!

Rachel Phoebe, **you're on.**

Rachel Phoebe, 네 차례야.

Phoebe Oh, oh, good.

Phoebe 아, 알았어.

- on : 1 ~위에 (on the table, on the bed, on my skin)
  2 '방송, 공연'과 관련된 뜻(being broadcasted, performed)
  i.e Something is on TV / on radio / on air.

Practice

1 다음 순서 누구에요?

2 그녀에게 다음 순서라고 전달해주세요.

3 지금 TV에서 뭐 방송해?

4 지금 틀어져 있어.

주요 장면 STUDY

빵 플 릭 스 1

Chandler Just the six of us, dinner.

Chandler 우리 6명이서 연말 저녁 식사하자.

All Yeah, okay. Alright.

All 좋아. 그러자.

Chandler You know, I was hoping for a little more enthusiasm.

Chandler 있지, 좀 더 열광해줄 수 없니?

All Woooo! Yeah!

All 와우!

Rachel Phoebe, **you're on**.

Rachel Phoebe, 네 차례야.

Phoebe Oh, oh, good.

Phoebe 아, 알았어.

Rachel Okay, hi. Ladies and gentlemen, back by popular demand, Miss Phoebe Buffay. Wooh!

Rachel 네, 신사 숙녀 여러분! 여러분 요청에 의해. Phoebe Buffay 양을 모십니다!

- I was hoping for ~ : ~ 했으면 해서.
- enthusiasm : 열광, 열정
- You're on. : 너야, 네 차례야.
- by popular demand : 여러분 요청에 의해

speak up

크게 이야기하다, 목소리를 내다

Phoebe **Could you speak up please?**

Phoebe 크게 말씀해주시겠어요?

David Sorry, I was, I was just saying to my friend that I thought you were the most beautiful woman that I'd ever seen in my life. And then he said that you said, you thought...

David 죄송합니다! 친구한테, 당신이 내가 본 여자 중에 최고로 예쁘다고 말하려던 참이었어요. 그러자 이 친구가

Note

- speak up : 목소리를 높이다 / 크게 말하다
- speak up for someone : ~를 옹호하다 / 지지하다 / 변호하다
- You should speak up for yourself. : 본인의 의견을 적극적으로 내세워라.

Practice

1 제가 잘 들을 수 있게 크게 말해주시겠어요?

2 어떤 사람들은 크게 이야기하는 걸 불편해해.

3 나는 너를 변호하려고 진짜 노력했어.

4 그는 소외된 이웃을 위해 목소리를 높였다.

주요 장면 STUDY

David Noth, I was, I was just saying.

David 저는 단지, 친구에게 말하려고.

Phoebe **Could you speak up please?**

Phoebe 크게 말씀해주시겠어요?

David Sorry, I was, I was just saying to my friend that I thought you were the most beautiful woman that I'd ever seen in my life. And then he said that you said, you thought

David 죄송합니다! 친구한테, 당신이 내가 본 여자 중에 최고로 예쁘다고 말하려던 참이었어요. 그러자 이 친구가..

Max Daryl Hannah.

David Daryl Hannah was the most beautiful woman that he'd ever seen in his life and I said yeah, I liked her in 'Splash', a lot, but not so much in 'Wall Street', I thought she had kind of a...

David Daryl Hannah가 가장 예쁘다고 얘기했고요. 그래서 제가, 'Splash'라는 영화에서는 괜찮았는데, 'Wall Street' 영화에서는 별로였다고 했고요. 그녀는

Max Hard quality.

Max 독특한 개성

David hard quality.

David 독특한 개성이 있는 거 같아서요.

- speak up : 목소리 높여 말하다
- Daryl Hannah : 시카고 태생의 미국 여배우
- hard : 어려운
- quality : 성질, 기질

snap

실수하다, 조급하게 행동하다, 순간적으로 이성을 잃다

Ross C'mon, this was a pact! This was your pact!

Ross 야, 이건 우리끼리 약속이었어! 약속이었다고!

Chandler **I snapped**, okay? I couldn't handle the pressure and I snapped.

Chandler 내가 실수했어, 됐니? 내가 조바심이 나서 저질러버렸어.

- snap : 1 찰나의 순간, 빠른 움직임 (quick movement)
  - i.e snap shot - 찰나의 순간을 담는 사진
  - 2 탁, 툭 하고 부러지다, 끊어지다, 또는 그런 소리가 나다.
  - 3 순간 이성을 잃다, 순간 절제력을 잃다.
  - 4 무언가에 놀라거나 당황했을 때 내뱉는 감탄사 ('오 이런', '아차' 등의 의미)
  - i.e Snap! I forgot my wallet.

Practice

1 미안해, 내가 순간 이성을 잃었어.

2 나는 아직도 그가 나한테 왜 화를 냈는지 모르겠어.

3 내가 순간 이성을 잃었던 거 같아. 너한테 정말 화난 거 아니야.

4 그녀가 또 늦었을 때 나는 정말 이성을 잃었어.

주요 장면 STUDY

Phoebe I just, I just wanna be with him all the time. Day and night, and night and day and special occasions.

Phoebe 항상 그 사람과 있고 싶더라고. 낮이건 밤이건. 특별한 날에도 말이지.

Chandler Wait a minute, wait, I see where this is going, you're gonna ask him to New Year's, aren't you? You're gonna break the pact. She's gonna break the pact.

Chandler 잠깐만, 느낌이 오는데. 그 남자 신년 파티에 초대할 거지? 너 그럼 우리 약속 깨는 거야. 얘가 우리 약속을 깨려고 하네.

Phoebe No, no, no. Yeah, could I just?

Phoebe 아니야, 아니야, 음. 그래도 될까?

Chandler Yeah, cause I already asked Janice.

Chandler 그래. 왜냐하면 나도 이미 Janice 불렀어.

Monica What?

Monica 뭐라고?

Ross C'mon, this was a pact! This was your pact!

Ross 야, 이건 우리끼리 약속이었어! 약속이었다고!

Chandler **I snapped**, okay? I couldn't handle the pressure and I snapped.

Chandler 내가 실수했어, 됐니? 내가 조바심이 나서 저질러버렸어.

Monica Yeah, but Janice? That was like the worst breakup in history!

Monica 그래도 Janice는 좀. 최악으로 끝냈잖아!

Chandler I'm not saying it was a good idea, I'm saying I snapped!

Chandler 내가 잘했다는 게 아니야. 그냥 조급해서 이성을 잃었었다고!

- occasion : 행사
- pact : 협정, 조약
- snap : 조급하게 서두르다, 이성을 잃다.
- handle : 다루다, 처리하다.
- the pressure : 압박, 압력

~ sort of person / ~ sorta fella

~한 사람, ~한 남자

David And, uh, I'm not really a, uh, sweeping **sorta fella**.

David 나는 막 그렇게 물건 쓸어버리고 하는 그런 사람이 아니에요.

Phoebe Oh, David, I think you are a sweeping sorta fella. I mean, you're a sweeper! trapped inside a physicist's body.

Phoebe 아, David, 난 당신이 그런 사람이라고 생각해요. 쓸어버릴 사람이요. 물리학자라는 몸뚱이 속에 갇혀 있는.

Note

- **sort** = 종류, 분류
- **fellow** = 친구, 동료
- **sort of person** = **sort of fellow** = (친구, 동료) = **sorta fella**
- ~ **sort of fella** = ~ 종류의 사람, 즉, ~한 / ~의 특성을 가진 사람.
- **sweeping sorta fella** : (사랑을 나누기 위해) 책상 위를 싹 다 쓸어버리는 사람.

  = sweeping sort of fellow = sweeping sort of person

Practice

1 그녀는 합리적인 사람인 것 같아.

2 난 내가 어떤 사람인지 잘 모르겠어.

3 그는 한 곳에 오래 있지 못 하는 사람이야..

4 그녀는 여행을 그렇게 좋아하는 타입이 아니야.

주요 장면 STUDY

David And, uh, I'm not really a, uh, sweeping **sorta fella**.

David 나는 막 그렇게 물건 쓸어버리고 하는 그런 사람이 아니에요.

Phoebe Oh, David, I think you are a sweeping sorta fella. I mean, you're a sweeper! trapped inside a physicist's body.

Phoebe 아, David, 난 당신이 그런 사람이라고 생각해요. 쓸어버릴 사람이요. 물리학자라는 몸뚱이 속에 갇혀 있는.

David Really.

David 정말요?

Phoebe Oh, yeah, oh, I'm sure of it. You should just do it, just sweep and throw me.

Phoebe 네 확신해요. 그냥 하세요. 쓸고 저를 던지세요.

David Now? Now?

David 지금요? 지금?

Phoebe Oh yeah, right now.

Phoebe 네, 지금 당장이요.

David Okay, okay, okay. You know what, this was just really expensive. And I'll take this was a gift.

David 알겠어요. 아 근데 이건 진짜 비싼 거라. 이 선물 받은 것도 치울게요.

Phoebe Okay, now you're just kinda tidying.

Phoebe 좋아요. 지금 다 치우고 하게요?

David Okay, what the hell, what the hell. You want me to actually throw you or you wanna just hop?

David 좋아요. 당신을 던질까요? 아니면 당신이 올라갈래요?

Phoebe I can hop.

Phoebe 내가 올라갈게요.

- sweep : 쓸다.
- sorta sort of kind of : ~ 한 종류의
- fella : 남자, 남자친구
- trap : 가두다
- trapped : 갇힌, 갇혀 있는
- physicist : 물리학자
- tidy : 정돈하다
- hop : 깡총 뛰어오르다.

have a blast

아주 즐거운 시간을 보내다

Chandler That's so weird, **I had such a blast** with him the other night.

Chandler 이상하네, 나는 요전 날 밤 걔랑 정말 좋은 시간을 보냈거든

Ross Really.

Ross 정말?

Note

- **blast** : 폭발
- **have a blast** : 너무 신나는 시간을 보내다
- **You are a blast** : 너 정말 인싸야 / 너 정말 신나는 멋진 사람이야

Practice

1 나 어젯밤에 너무 즐거웠어.

2 그 친구랑 좋은 시간 보내길 바라.

3 그녀와 좋은 시간 보냈니?

4 아이들은 놀이공원에서 아주 즐거운 시간을 보내고 있다.

주요 장면 STUDY

Ross This is so not what I needed right now.

Ross 이건 지금 내가 원한 게 아니잖아.

Monica What's the matter?

Monica 무슨 일이야?

Ross Oh, it's Marcel. He's angry with me again. I have no idea why he just keeps shutting me out, you know? He's walking around all the time dragging his hands.

Ross 아, Marcel 때문에. 걔 또 화났어. 왜 나를 못 오게 하는지 모르겠어. 긴 팔을 질질 끌고 돌아다니면서.

Chandler That's so weird, **I had such a blast** with him the other night.

Chandler 이상하네, 나는 요전 날 밤 걔랑 정말 좋은 시간을 보냈거든.

Ross Really?

Ross 정말?

Chandler Yeah, we played, we watched TV, that juggling thing is amazing.

Chandler 응. 우리 같이 놀고, TV도 봤는데. 던지고 받고 곡예 같은 것도 잘 하고.

Ross What, uh what juggling thing?

Ross 뭘 던지고 받아?

- shut out : 가로 막다, 못 들어오게 하다.
- drag : 끌다
- have a blast : 아주 즐거운 시간을 보내다.
- such a : 매우, 아주
- the other night : 요전 날 밤
- juggle : 공 여러 개를 돌아가면서 던지고 받다.

someone's thing

~의 일

Phoebe **It's your thing**, and.

Phoebe 당신 일이잖아요. 그리고,

David But I can't

David 그래도 전 결정 못 내려요.

Phoebe Okay, um, stay.

Phoebe 좋아요, 그럼 가지 마요.

Note

- **thing** : 보통 물건을 가르킴. (이것, 저것, 어떤 것.) 반드시 사물만을 뜻하지는 않음.
- **It's my / your thing** : 1 내가 / 네가 책임져야 할 일. 2 관심사, 취미

Practice

1 너의 일은 네가 책임져야지.

2 그가 그 일을 하도록 내버려둬.

3 나는 요리를 그렇게 좋아하지 않아.

4 그녀는 음악에 조예가 깊어.

주요 장면 STUDY

Phoebe So, so you're really not going?
Phoebe 그래서, 진짜 안 가려고요?
David I don't know. I don't know what I'm gonna do.
I just, how can I leave you. I just found you.
David 모르겠어요. 어떻게 해야 할지 모르겠어요. 내가 어떻게 떠나요, 이제야 당신을 만났는데.
Phoebe Oh David. Ok, what are you gonna do?
Phoebe 아, David. 좋아요. 어떻게 하실 거예요?
David I don't know. You decide it.
David 모르겠어요. 당신이 정해요.
Phoebe Oh don't do that.
Phoebe 그러지 말아요.
David Please.
David 아 제발.
Phoebe Oh no, no.
Phoebe 안돼요. 싫어요.
David No, but I'm asking.
David 아니에요, 부탁이에요.
Phoebe Oh, but I can't do that.
Phoebe 아, 제가 어떻게 해요.
David No, but I can't.
David 아니, 제가 정할 수 없어서 그래요.
Phoebe **It's your thing**, and.
Phoebe 당신 일이잖아요. 그리고.
David But I can't
David 그래도 전 결정 못 내려요.
Phoebe Okay, um, stay.
Phoebe 좋아요, 그럼 가지 마요.
David Stay.
David 있으라고요.
Phoebe Stay.
Phoebe 있으세요.

- your thing : 당신의 일. 당신이 책임져야 할 일.

tear someone apart

마음이 찢어지다

Phoebe Oh yes, yes, yes you can. Just say, um, 'Phoebe, I love you, but my work is my life and that's what I have to do right now'. And I say 'your work? Your work? How can you say that?'. And then you say, um, **'it's tearing me apart**, but I have no choice. Can't you understand that?'. And I say, 'No! no! I can't understand that!'

Phoebe 아니에요, 그럴 수 있어요. 그냥 이렇게 말하세요. '음, Phoebe, 당신을 사랑해요. 근데 내 일이 내 소명이라 당장 가야 해요.' 그럼, 나는 '일이요? 당신 일이라고요? 어떻게 그렇게 말할 수 있어요?' 이러면 당신은, '마음이 찢어지지만, 어쩔 수 없어요. 이해해줘요', 그러면 저는 또 '안 돼요, 안 돼! 이해 못 해요!'

Note

- **tear** : ❶ 명사로는 눈물, 울음 ❷ 뜯다, 찢다.
- **tear apart** : 두 갈래로 찢다.
- **tear something apart** : 물리적으로 찢어버리다.
- **tear someone apart** : 가슴이 찢어지게 슬프게 하다.

Practice

❶ 너랑 헤어지는 게 나도 정말 가슴이 아파.

❷ 이 직장에서 잘리면 정말 가슴이 찢어질 거 같아요.

❸ 나는 학대당한 동물들을 보면 가슴이 정말 아파.

❹ 그 영화는 정말 슬펐어.

주요 장면 STUDY

Phoebe You're going to Minsk.

Phoebe Minsk 가세요.

David No, I'm not going to Minsk.

David 아니, 안 갈 거예요.

Phoebe Oh, you are so going to Minsk. You belong in Minsk. You can't stay here just cause of me.

Phoebe 아, 꼭 Minsk 가야 해요. 당신은 Minsk가 맞아요. 나 때문에 여기 남을 수 없어요.

David Yes I can. Because if I go, it means I have to break up with you, and I can't break up with you.

David 남을 수 있어요. 만약 내가 가버리면, 당신하고 헤어진다는 건데, 그러고 싶지 않아요.

Phoebe Oh yes, yes, yes you can. Just say, um, 'Phoebe, I love you, but my work is my life and that's what I have to do right now'. And I say 'your work? Your work? How can you say that?'. And then you say, um, **'it's tearing me apart**, but I have no choice. Can't you understand that?'. And I say, 'No! no! I can't understand that!'

Phoebe 아니에요, 갈 수 있어요. 그냥 이렇게 말하세요. '음, Phoebe, 당신을 사랑해요. 근데 내 일이 내 소명이라 당장 가야 해요. 그럼, 나는 '일이요? 당신 일이라고요? 어떻게 그렇게 말할 수 있어요? 이러면 당신은, '마음이 찢어지지만, 어쩔 수 없어요. 이해해줘요', 그러면 저는 또 '안 돼요, 안돼! 이해 못 해요!'

David Uh, ow.

David 아야.

Phoebe Ooh, sorry.

Phoebe 아, 미안해요.

- Minsk : 벨라루스 공화국의 수도
- belong in ~ : ~에 살다. ~매여 있다.
- tear me apart : 내 마음을 찢다.

phone it in

최소한의 노력도 하지 않다

Ross I want to do this work so much. I'm still in there, you know, changing his diapers, picking his fleas. **but he's just phoning it in**.

Ross 진짜 잘되길 바랐거든, 여전히 거기서 기저귀도 갈아주고, 이도 잡아주고, 근데, 얘는 관심도 안 줘.

- phone it in : not trying (=최소한의 노력도 하지 않다.)

Practice

1. 그는 나랑 헤어지고 싶은 거 같아 노력을 안 해.
2. 나는 너무 피곤한 날에는 억지로 일 해.
3. 나는 노력하지 않아서 잘렸어.
4. 나는 그 사람들이 전혀 관심이 없다고 느꼈어.

주요 장면 STUDY

Ross I want to do this work so much. I'm still in there, you know, changing his diapers, picking his fleas. **but he's just phoning it in.**

Ross 진짜 잘되길 바랐거든, 여전히 거기서 기저귀도 갈아주고, 이도 잡아주고, 근데, 얘는 관심도 안 줘.

- a diaper : 기저귀
- pick : 잡다, 잡아주다.
- flea : 벼룩, 이
- phone it in : 최소한의 노력도 하지 않다, 나 몰라라 하다. 관심도 안 주다.

beaming with pride

(자랑스러워서) 웃다, 크게 기뻐하다

Jay Leno Now what is this about you being arrested in London? What is that all about?

Jay Leno London에서 체포된 건 뭐죠? 무슨 일이었나요?

Phoebe Your mom was arrested?

Phoebe 체포도 되셨었어?

Chandler **Shh, busy beaming with pride.**

Chandler 조용히 해봐, 아주 자랑스러워 죽으시네.

- beam = ❶ 방송하다 (transmit, deliver) ❷ 빛이 나다 (glow) ❸ 활짝 웃다 (big smile)
- beam with pride = 자랑스러워서 크게 웃다, 기뻐하다.

Practice

❶ 나는 시험에 통과했을 때 너무 자랑스러웠어.

❷ 나는 경기에서 이겼을 때 너무 자랑스러웠어.

❸ 내가 상을 받았을 때 우리 엄마는 자랑스럽게 웃었어.

❹ 너 지금 스스로가 되게 자랑스럽구나?

주요 장면 STUDY

Phoebe Hey, hey, hey! She's on!

Phoebe 야, 야, 야, 나오신다.

Paolo Ah! Nora Bing!

Paolo 아! Nora Bing!

Jay Leno Now what is this about you being arrested in London? What is that all about?

Jay Leno London에서 체포된 건 뭐죠? 무슨 일이었나요?

Phoebe Your mom was arrested?

Phoebe 체포도 되셨었어?

Chandler Shh, **busy beaming with pride**.

Chandler 조용히 해봐, 아주 자랑스러워 죽으시네.

- what is this about ~? : ~ 는 뭐죠?
- arrest : 체포하다.
- what is that all about ~?: 그건 다 뭐였나요? (더 자세히 말해달라는 식으로 물어볼 때 쓰는 표현)
- beam with ~ : ~ 로 환히 웃다.
- busy ~ ing : ~하느라 바쁘다.
- pride : 자랑스러움, 긍지, 자부심
- busy beaming with pride : 자랑스러워서 웃기 바쁘다. (역설적인 표현)

crave something

~를 갈망하다

Chandler Now why would she say that's embarrassing?

Chandler 지금 쑥스럽다면서 말을 왜 하는 거야?

All Shh.

All 조용히 좀 해봐.

Mrs. Bing I just get this **craving for** Kung Pow Chicken.

Mrs. Bing 그 때 Kung Pow Chicken이 그렇게 먹고 싶더라고요.

Note

- crave : 갈망하다(crave certain food / crave attention / crave revenge)

  일상에서는 먹고 싶은 것에 주로 쓰임

  i.e I'm craving something really spicy.

Practice

1 다이어트 하면, 매일 밤 라면이 먹고 싶어.

2 나는 지금 엄청 느끼한 피자가 먹고 싶어.

3 나는 지금 좀 달달한 게 먹고 싶어.

4 그 아이들은 관심이 필요한 것 같아.

주요 장면 STUDY

Mrs. Bing This is kind of embarrassing, but occasionally after I've been intimate with a man.

Mrs. Bing 좀 쑥스럽긴 한데요. 가끔, 남자랑 은밀하게 보내고 나면,

Chandler Now why would she say that's embarrassing?

Chandler 지금 쑥스럽다면서 말을 왜 하는 거야?

All Shh.

All 조용히 좀 해봐.

Mrs. Bing I just get this **craving for** Kung Pow Chicken.

Mrs. Bing 그 때 Kung Pow Chicken이 그렇게 먹고 싶더라고요.

Chandler That's too much information!

Chandler 그런 것까진 말할 필요 없잖아요!

- embarrassing : 난처한, 쑥스러운
- intimate : 친밀한, (성생활과 관련된) 은밀한
- crave : 갈망하다. ~을 간절히 청하다.
- That's too much information! : 너무 과한 설명이에요! (=TMI)

I'm in

나도 (동참) 할래

Mrs. Bing Who's doing shots?

Mrs. Bing 마실 사람?

Monica Yeah.

Monica 저요.

Phoebe **I'm in.**

Phoebe 저도요.

- I'm in = 동참하는 무리에 나도 들어갈래. 나도 할래, 동참할게.

  : 강조 : I'm all in. / I'm absolutely in. / I'm totally in.
- I'm out = 나는 빠질래, 동참하지 않을래.

Practice

1. 나 영화 볼 건데, 너 볼래?
2. 나 라면 끓일 건데, 먹을 사람?
3. 너네 공포영화 볼 거면 난 빠질래.
4. 나는 정말 이 상황이 지긋지긋해. 그만둘래.

주요 장면 STUDY

Chandler Please God, don't let it be Kung Pow Chicken.

Chandler Kung Pow Chicken 요리만 아니면 좋겠네요.

Mrs. Bing Oh, you watched the show! What did you think?

Mrs. Bing 어머나, 방송 봤구나! 어땠어?

Chandler Well, I think you need to come out of your shell just a little.

Chandler 글쎄, 조금만 솔직해지지 그러셨어요.

Ross What is this dive? Only you could've picked this place.

Ross 이 화려한 곳은 뭐예요? 어머님이니까 이런 곳이 가능했겠네요.

Mrs. Bing Oooh, come on, shut up, it's fun. Give me a hug. I heard about the divorce. lesbian, huh?

Mrs. Bing 아, 그만하고. 안아볼까? 네 이혼 얘기는 들었단다. 동성애 와이프였다매?

Ross Yeah.

Ross 네.

Mrs. Bing Well, you know what they say? Be careful what you wish for. Well, I think we're ready for some tequila.

Mrs. Bing 그래, 이런 말이 있단다. 얘들아. 소원을 빌 때는 신중해라. 이제 데킬라 좀 시켜볼까?

Chandler I know I am.

Chandler 그러죠.

Mrs. Bing Who's doing shots?

Mrs. Bing 샷 마실 사람?

Monica Yeah.

Monica 저요.

Phoebe **I'm in.**

Phoebe 저도요.

Mrs. Bing There you go. Ross?

Mrs. Bing 좋아. Ross는?

Ross Uh, I'm not really a shot drinking kinda guy.

Ross 아, 저는 그렇게 샷으로는 잘 안 마셔서요.

- let it be : ~이게 하다.
- come out of your shell : 소심함에서 벗어나다, 적극성을 띠다.
- dive : 화려한 고전 스타일의 BAR

Let's Practice 모범답안

Let's Scene 001 There is nothing to ~ : ~할 것이 없어

1. **There is nothing to** see.
2. **There is nothing to** eat.
3. **There is nothing to** worry.
4. **There is nothing to** cook.
5. **There is nothing to** read.

Let's Scene 002 Go through : 겪다, 경험하다

1. I'**m going through** a hard time.
2. You don't have to **go through** this alone.
3. She **went through** a lot.
4. Everything you **go through** makes you grow.

Let's Scene 003 take something well : 유연하게 받아들이다

1. Do you think she will **take this news well**?
2. She seemed to **take it pretty well**.
3. I knew you wouldn't **take it well**.
4. I was suddenly fired from work, but I **took it well**.

Let's Scene 004 for the best : 잘된 일이다 (생각하는 것만큼 나쁘지 않다)

1. Maybe it's **for the best**. You didn't like the job, anyways.
2. In the long run, it is **for the best**. You learned something.
3. Looking back, it was **for the best**.
4. I missed the bus, but it was **for the best**.

Let's Scene 005 ask someone out : 데이트를 신청하다

1. Did you **ask her out**?
2. I want to **ask her out**.
3. Should I **ask her out**?
4. Can I **ask you out** for dinner?
5. Thank you for **asking me out** first.

Let's Scene 006 What are you up to? : 뭐 해? / 뭐 할 거야?

1. **What are you up to** tomorrow?
2. **What are you up to** these days?
3. **What have you been up to**?
4. As usual.
5. Not much. / Nothing much. / Not a whole lot.

Let's Scene 007 screw (up) something : ~를 망치다

1. I think you **are screwed**.
2. **Am** I **screwed**?
3. I think I'm gonna **screw up the meeting**.
4. Please don't **screw it up**.
5. I didn't **screw it up**.

Let's Scene 008 be on one's own : 홀로 서다

1. You are old enough to **be on your own**.
2. You have to learn to **be on your own**.
3. I like to **be on my own**.
4. I **am on my own** this month.

Let's Scene 009 crash on ~ : ~에서 잠들다

1. Can I **crash on** your couch?
2. Can I **crash on** your floor?
3. I was so tired that I **crashed on** the couch.
4. I was so drunk that I **crashed on** the floor.

Let's Scene 010 have a crush on someone : 누군가를 좋아하다

1. I **have a crush on** you.
2. I think he **has a crush on** you.
3. I **had a (major) crush on** my Math teacher.
4. Everyone **has a (huge) crush on** BTS.

Let's Scene 011 What's with ~? : ~ 왜 그래?

1. You look sad. **What's with you**?
2. You look weird. **What's with you**?
3. He looks happy. **What's with him**?
4. Mom looks upset. **What's with you guys**?

Let's Scene 012 be through with : 끝내다, 끝맺이 하다

1. Call me when you are **through with** work.
2. I'm not **through with** the report yet.
3. Are you **through with** that coffee?
4. I am **through with** him/her.
5. I am **through with** you.

Let's Scene 013 be involved : ~에 관여하다 (연루되다)

1. Are you **involved in** this?
2. I would like to be **involved in** this project.
3. I don't want to be **involved with** you.
4. I have been **involved with** this company for years.

Let's Scene 014 have a thing for ~ : ~를 좋아하다

1. I **have a thing for** you.
2. I **have a thing for** comedy movies.
3. My brother **has a thing for** suits.
4. We used to **have a thing for** hamburgers.

Let's Scene 015 take the heat off someone : ~의 부담을 덜어주다

1. Can you **take the heat off** me?
2. I'll **take the heat off** you.
3. I wanted to **take some heat off** you.
4. If you come, that would **take some heat off** me.

Let's Scene 016 What's that supposed to mean? : 무슨 뜻이야?

1. You won't understand.
   What's that supposed to mean?
2. You are the older sister.
   What's that supposed to mean?
3. Sorry. Are you satisfied?
   What's that supposed to mean?

Let's Scene 017 know what one is doing : 무엇을 할지 정확히 알다 (알아서 하다)

1. I hope she **knows what she is doing**.
2. I don't **know what I'm doing**. / I **have no idea what I'm doing**.
3. Don't worry. I **know what I am doing**.
4. Leave him alone. He **knows what he's doing**.

Let's Scene 018 be stuck at ~ : ~에 막히다

1. I **was stuck in** traffic.
2. My car **is stuck in** snow.
3. I **am stuck at** chapter one.
4. You **are stuck with** your boss whether you like or not.

Let's Scene 019 be supportive (of someone) : ~를 응원하다 (도움을 주다)

1. My parents **are very supportive** (of me).
2. Thank you for **being supportive** (of me).
3. Can't you **be supportive** (of me) for once?
4. No matter what, I'll always **be supportive** (of you).

Let's Scene 020 be on the table : 의논의 대상이 되다

1. Is my proposal **on the table**?
2. Yes, your offer is **on the table**.
3. We said that topic is **off the table**.
4. I'm sorry, but that issue is **off the table** now.

Let's Scene 021 well up : 울먹거리다

1. Tears are **welling up** in your eyes.
2. Your letter made me **well up.** Your letter **welled** me **up**.
3. You **welled** him/her **up**.
4. This drama was so touching that it **welled** me **up**.

Let's Scene 022 good for me : (나에게) 잘됐다, 다행이다

1. This is really **good for you**.
2. I'm not sure if this is **good for me**.
3. That's **good for him**.
4. Wow, **good for you**.

Let's Scene 023 figure something out : ~를 알아내다

1. I finally **figured it out**!
2. I just couldn't **figure it out**.
3. I'm trying to **figure out** what makes me happy.
4. You would have to **figure it out** yourself.

Let's Scene 024 take the first shot : 첫 주자가 되다

1. I really don't want to **take the first shot**.
2. Do you want to **take the first shot**?
3. **Taking the first shot** is never easy.
4. You were brave enough to **take the first shot**.

Let's Scene 025 If only ~ : ~하다면 참 좋을 텐데

1. **If only** she were less talkative.
2. **If only** he were a little kinder(nicer).
3. **If only** I were a little taller.
4. If only I were a little less busy.

Let's Scene 026 What's up with ~ ? : ~는 왜 그래?

1. **What's up with** everyone?
2. **What's up with** your car?
3. **What's up with** your friends?
4. **What's up with** all the brothers?
5. **What's up with** all the sisters?

Let's Scene 027 break up : 헤어지다 (결별하다)

1. We will never **break up**.
2. I think we should **break up**.
3. Did you **break up with** him/her?
4. We **broke up** long time ago.

Let's Scene 028 can't stand ~ : ~를 견딜 수가 없다

1. I **can't stand** cockroaches.
2. I **can't stand** stinky trains.
3. I **can't stand** your attitude.
4. I **can't stand** the way you talk.

Let's Scene 029 have a rough day : 힘든 하루를 보내다

1. Did you **have a rough day**?
2. I **had a** really **rough day** today.
3. I think he **is going through a rough day**.
4. Did you **have a busy day**?
5. Today was **a fairly easy day**.

Let's Scene 030 nod off : (깜박) 졸다

1. I always **nod off** after lunch.
2. I always **nodded off** during class.
3. Please, don't **nod off** during my class.
4. Your voice makes me **nod off**.

Let's Scene 031 way too much : 너무 많은

1. I have **way too much** work these days.
2. You talk **way too much**.
3. He eats **way too much**.
4. He eats **way too little**.
5. This blouse is **way too expensive**!
6. These pants are **way too big** for me.

Let's Scene 032 I'm guessing ~ : 아마도 ~인 것 같다

1. **I'm guessing** you made this.
2. **I'm guessing** you've been working out lately.
3. **I'm guessing** you would be hungry.
4. **I'm guessing** you had a rough day.

Let's Scene 033 I'd better ~ : ~하는 게 좋을 것 같다

1. **I'd better** go to sleep now.
2. **I'd better** eat something.
3. **I'd better** stay home today.
4. **You'd better** not be late.
5. **You'd better** stop whining.

Let's Scene 034 take mind off something : ~ 생각을 안 하게 하다

1. Try to **take your mind off it**.
2. I'll **take your mind off it**.
3. I just can't **take my mind off you**.
4. Watching TV could **take your mind off it**.
5. Exercising could **take your mind off her**.

Let's Scene 035 be worth something : ~할 만한 가치가 있다

1. It **was** totally **worth it**.
2. I don't think it'**s worth it**.
3. I don't think it'**s worth the time**.
4. This **is worth more than $100**.
5. It **was worth trying** at least.

Let's Scene 036 What's going on? : 무슨 일이야? (무슨 일이 벌어지는 거야?)

1. Do you know **what's going on with** her?
2. I don't know **what's going on with** my life.
3. **What's going on with** the project?
4. **What's going on with** your new business?

Let's Scene 037 tell the dirt : 다 말하다

1. You can tell me **all the dirt**.
2. I'm telling you **all the dirt**.
3. Did he tell you **all that dirt**?
4. I don't tell **the dirt** to everyone.

Let's Scene 038 talk reality : 현실적인 이야기를 하다

1. I don't wanna **talk reality** right now.
2. We have to **talk reality** here.
3. I don't wanna **talk reality** with you.
4. Let's **talk business**.
5. I have to **talk business** with you.

Let's Scene 039 make trouble : 소란, 말썽을 일으키다

1. Please don't **make any trouble**.
2. I promise I won't **make any trouble**.
3. You **made so much trouble** for me.
4. I didn't mean to **make any trouble** for you.

Let's Scene 040 bring someone down : 우울하게 만들다, 실망시키다

1. I don't want to **bring you down**.
2. Did I **bring you down**, too?
3. Your story **brought me down**.
4. Watching the news **brings me down**.

Let's Scene 041 sound (about) right : 대략 맞는 것 같다

1. Does this **sound right**?
2. Does this **sound right** to you?
3. Does my sentence **sound right**?
4. Does my sentence **sound right** grammatically?
5. That **sounds right** to me.
6. What you are saying doesn't **sound right** to me at all.

Let's Scene 042 not a big deal : 별일 아냐

1. Are you sure it's **not a big deal**?
2. It was really **not that big a deal** for me.
3. Is this really **that big of a deal** for you?
4. This is probably **no big deal** for him.

Let's Scene 043 gang up on someone : 몰아붙이다, 집단적으로 공격하다

1. You guys **are ganging up on** him.
2. Stop **ganging up on** him.
3. We'**re ganging up on** you today. We've decided to **gang up on** you today.
4. All the classmates **ganged up on** the teacher.
5. The consumers **ganged up on** the company.

Let's Scene 044 burn someone up : 누군가를 화나게 만들다

1. You always **burn me up**.
2. This kind of news really **burns me up**.
3. What **burned you up** so much?
4. I didn't mean to **burn you up**.

Let's Scene 045 ask a favor : 부탁하다

1. Why don't you **ask him a favor**?
2. I came to **ask a favor**.
3. Can/May I **ask you a favor**?
4. Would/Could you **do me a favor**?
5. I **did her a huge favor**.

Let's Scene 046 blow off : 땡땡이치다 (해야 할 일을 하지 않다)

1. I'm gonna **blow off** class today.
2. Let's **blow off** the rest of the day.
3. I can't believe he **blew me off**!
4. Just **blow off** his comments.

Let's Scene 047 no A, no B : A가 없으면 B도 없다

1. **No** bag, **no** save.
2. **No** cross, **no** crown.
3. **No** harm, **no** foul.

Let's Scene 048 ~ virgin : ~를 처음 해보는 사람

1. I was **a laundry virgin** until college.
2. I'm **a real political virgin**.
3. We're walking on **virgin snow**.
4. That is **a virgin territory**.

Let's Scene 049 a judgment call : 각자 알아서 결정하는 것

1. Whether to do it or not is **a judgment call**.
2. I don't think we should make **judgment calls** right now.
3. I really don't care what to eat. It's **your call**.
4. Please don't tell me what to do. It's **my call**.

Let's Scene 050 be close : 가깝다 (다양한 쓰임)

1. I'**m** very **close** to my parents.
2. I'**m** not that **close** to her.
3. I didn't know you guys **were** so **close** (to each other).
4. I want to **be close** to you.

Let's Scene 051 What a ~ : 완전 ~하다

1. **What a** cute baby.
2. **What a** nice friend.
3. **What a** beautiful house.
4. **What a** pity.
5. **What a** wonderful world.

Let's Scene 052 be out of one's league : 과분하다, 본인의 능력 밖이다

1. She was so popular that she **was out of my league**.
2. He is totally **out of your league**.
3. Do you think you **are out of my league**?
4. This presentation is completely **out of my league**.

Let's Scene 053 be aware of one's tongue : 말을 조심하다, 점잖게 말하다

1. I think you should **be** a little more **aware of your tongue**.
2. We have to **be** really **aware of our tongue** in front of him.
3. I should'**ve been** more **aware of my tongue**.
4. Adults should always **be aware of their tongues** in front of little children.

Let's Scene 054 work out : 잘되다, (일이) 잘 풀리다

1. Nothing **is working out** today.
2. I think he can **work this out**.
3. If we talk to each other, we can **work anything out**.

Let's Scene 055 just to : 그냥, 단지

1. I was **just** trying to help.
2. I **just** wanted to ask you something.
3. Let's **just** not talk about that.
4. It's **just** an exam.

Let's Scene 056 fan out : 펼치다, 흩어지다

1. He **fanned out** the cards.
2. Why don't you **fan out** the photos on the table?
3. People **fanned out** to search for the dog.
4. Let's **fan out** and look for him.

Let's Scene 057 dump someone : 차다, 버리다

1. I **was dumped** the day after Christmas.
2. Didn't you **dump him**?
3. I can't believe he **dumped me**.
4. You can't just dump me like this. / How can you just **dump me** like this?

Let's Scene 058 get a shot : 기회를 얻다

1. You finally **got a shot**!
2. I think I'll **get a shot** this time.
3. I really thought I would **get a shot** this time.
4. I never **got a shot**. / I never **got my shot**.

Let's Scene 059 a kook : 괴짜, 이상한 사람

1. I think he is **a kook**.
2. Can you stop acting like **a kook**?
3. If you keep talking like that, people will think you are **a kook**.
4. To be honest, I thought you were **a kook** before I met you.

Let's Scene 060 black out : 암흑이 되다, 머리가 하얗게 되다, 필름이 끊기다

1. My apartment is completely **blacked out**.
2. I can see things in a complete **black-out**.
3. I drank so much yesterday that I **blacked out**.
4. She **blacked out** for a moment.

Let's Scene 061 put ~ on the phone : 전화를 바꾸다

1. **Put** mom **on the phone**.
2. Why did you **put** him **on the phone**!
3. Could you please **put** Rachel **on the phone**?
4. Would you mind **putting** Mr. Lee **on the phone**?

Let's Scene 062 hold up someone/something : 기다리게, 지연되게 하다

1. I'm so sorry to **hold you up**.
2. I really cannot **hold up** any minute.
3. I don't like to **hold up** other people.
4. My car **is** completely **held up** in traffic.
5. You **are holding up** the meeting.

Let's Scene 063 overrated : 과대평가되다

1. I think that movie **is overrated**.
2. I think this restaurant **is** completely **overrated**.
3. I think she is an **overrated** artist.
4. He is not good at all. I think he is an **overrated** player.

Let's Scene 064 in the friend zone : 친구로 자리 잡은, 친구로 여겨진

1. You were always **in the friend-zone**.
2. I'm not going to stay **in the friend-zone** anymore.
3. He **friend-zoned** me.
4. You never tried to escape **the friend-zone**.

Let's Scene 065 mess someone up : ~를 망치다 (엉망으로 만들다)

1. Seeing you in the audience **messed me up**.
2. Drinking too much can **mess you up**.
3. I totally **messed up this exam**.
4. I really don't want to **mess up** this time.

Let's Scene 066 shush someone : 조용히 하라고 하다

1. **Shush**! Let's watch the TV.
2. Can you **shush** please?
3. My mom always **shushed** me.
4. Do not **shush** me!

Let's Scene 067 loathe someone : ~를 혐오하다

1. I **loathe** cockroaches.
2. My grandmother **loathes** snakes.
3. I don't hate this. I **loathe** this.
4. If you **loathe** your job that much, why don't you look for another job?

Let's Scene 068 be/get back on track : (올바른 길로) 다시 돌아오다, 원점으로 돌아가다

1. Our plans **are back on track**.
2. His business **is** now **back on track**.
3. I am trying to **get** my life **back on track**.
4. Can you help me **get back on track**?

Let's Scene 069 un-someone : ~답지 않다

1. It's so **un-you** to behave like this.
2. It's so **un-me** to be late to class.

Let's Scene 070 have got to : ~해야 한다

1. I'**ve gotta go** home.
2. I'**ve got to** save money from now on.
3. I'**ve gotta** talk to you.
4. This is so good. You'**ve got to** try it.

Let's Scene 071 me neither : 나도 그렇지 않다 (부정에 동의) (vs. me too)

1. I don't get it. -> **Me neither**.
2. I don't want to go home. -> **Me neither**.
3. I don't like her. -> **Me neither**.
4. I have never been to the United States. -> **Me neither**.

Let's Scene 072 have a quality : 특별한 점이 있다, 수준이 높다

1. She definitely **has a quality**.
2. I think he **has** leadership **qualities**.
3. I want our children to **have** moral **qualities**.
4. Your food **has an** aesthetic **quality**.

Let's Scene 073 a matter of hours : 몇 시간 안에

1. I finish work in **a matter of hours**.
2. He'll arrive in **a matter of minutes**.
3. I missed the bus by **a matter of seconds**.
4. He won the game by **a matter of seconds**.

Let's Scene 074 cover : 언급하다, 다루다

1. We have a lot to **cover** today.
2. I will **cover** the first part.
3. Make sure to **cover** all that was discussed in the meeting.
4. I think you **covered** all the important parts.

Let's Scene 075 When my time comes : 내 (운명의) 시간이 오면

1. **When my time comes**, I wanna be buried with my family.
2. **When my time comes**, I will have no regrets.
3. **When the time comes**, I will be ready.
4. I will tell you everything **when the time comes**.

Let's Scene 076 It's a shame : 안타까운 일이다

1. **It's a shame** that you can't come.
2. **It's a shame** that you guys broke up.
3. **It's a shame** that he lost such an easy game.
4. **It's a shame** that you were late to such an important meeting.

Let's Scene 077 dress up : 차려입다

1. What made you **dress up** today?
2. Why **are** they all **dressed up**?
3. I'm going to **dress up** for tomorrow's dinner.
4. We all **dress down** on Fridays.

Let's Scene 078 pick on something : 트집을 잡다

1. My brother used to **pick on** me all the time.
2. Why did you **pick on** me all the time?
3. I **picked on** you to get your attention.
4. I wish my boss would stop **picking on** me.

Let's Scene 079 get at something : 어떤 말을 하려고 하다

1. I'm not sure what you're trying to **get at.**
2. Do you understand what she is **getting at**?
3. I think what she**'s getting at** is that she is mad at you.
4. I don't know what you**'re getting at** when you look at me like that.

Let's Scene 080 left unsaid : 언급되지 않은

1. I think you should just **leave him** alone.
2. Can I **leave my bag** in the car?
3. Sometimes, negative comments are better **left unsaid.**
4. Some feelings are better **left unexpressed.**

Let's Scene 081 the whole ~ thing : ~과 관련된 것들 (~어쩌구, ~뭐시기)

1. I am not interested in **the whole** celebrity **thing**.
2. She is so passionate about **the whole** cooking **thing.**
3. She is crazy about **the whole** princess **thing**.
4. **The whole** military **thing** that he kept on talking about was so boring.

Let's Scene 082 give an advance : (급여를) 가불해주다, 선불로 주다

1. Do you think you could **give me an advance on** next month's salary?
2. Can you **give me an advance on** my allowance?
3. Are you asking me to **give you an advance on** your salary?
4. I'm sorry, but I can't **give you an advance on** your salary.

Let's Scene 083 chip in : 돈을 보태다

1. If we all **chip in**, we can help him.
2. **Chip in** as much as you can.
3. We all **chipped in** to buy your gift.
4. We all have to **chip in** for this trip.

Let's Scene 084 on a dare : 무모하게, 용감하게, 과감하게

1. We jumped off the cliff **on a dare**.
2. We tried the weird jellies **on a dare.**
3. I got on the horse **on a dare.**
4. I registered for the class **on a dare.**

Let's Scene 085 only dogs can hear : 소리가 크다/높다

1. When she gets upset, **only dogs can hear** her.
2. **Only dogs can hear** her laugh.
3. **Only dogs can hear** this song.
4. Is she singing? I guess **only dogs can hear**.

Let's Scene 086 by all means : 당연히 돼, 그렇게 해, 맘대로 해

1. May I invite a few more friends? - **By all means**.
2. May I borrow your pen? - **By all means**.
3. May I go to the restroom? - **By all means**.
4. **By all means**, you can order anything from the menu.
5. **By all means**, you can come whenever you want to.

Let's Scene 087 propose a toast : 건배사를 하다

1. Do you wanna **make a toast**?
2. He **gave an** awesome **toast**.
3. How can I **propose a** memorable **toast**?
4. I will / I'd like to **propose a toast** today.

Let's Scene 088 you might want to ~ : ~하는 게 좋을 것 같다

1. **You might wanna** stay home today.
2. **You might wanna** go home early today.
3. **You might wanna** eat something when you can.
4. **You might wanna** watch what you are saying./ your tongue.

Let's Scene 089 slap in the face : 모욕적인 일

1. I've never gotten **slapped in the face** in my life.
2. In the drama, he got **slapped in the face** with Kimchi.
3. It was such a **slap in the face** for her.
4. Getting fired from that job was such as **a slap in the face** for me.

Let's Scene 090 You're on : 너의 차례다

1. **Who is on** next?
2. Tell her that **she's on** next.
3. **What's on** TV right now?
4. **The show is on** right now.

Let's Scene 091 speak up : 크게 이야기하다, 목소리를 내다

1. Could you please **speak up** so that I can hear you.
2. Some people might feel uncomfortable **speaking up**.
3. I tried really hard to **speak up** for you.
4. He **spoke up** for the less fortunate people.

Let's Scene 092 snap : 실수하다, 조급하게 행동하다, 순간적으로 이성을 잃다

1. I'm sorry. I just **snapped**.
2. I still don't know why he **snapped** at me.
3. I think I just **snapped**. I'm not really mad at you.
4. When she was late again, I just **snapped**.

Let's Scene 093 ~ sort of person / ~ sorta fella : ~한 사람, ~한 남자

1. I think she is a sensible **sort of person**.
2. I don't know what **sort of person** I am.
3. He is **the sort of person** who cannot stay in one place.
4. She's not **the sort of person** who likes to travel.

Let's Scene 094 have a blast : 아주 즐거운 시간을 보내다

1. I **had** such **a blast** last night.
2. I hope you **have a blast** with him.
3. Did you **have a blast** with her?
4. The kids **are having a blast** in the amusement park.

Let's Scene 095 someone's thing : ~의 일

1. You have to take care of **your own things**.
2. Let him do **his thing**.
3. Cooking isn't really **my thing**.
4. Music is **her thing**.

Let's Scene 096 tear someone apart : 마음이 찢어지다

1. It **tears me apart** to break up with you.
2. Getting fired from this company will **tear me apart**.
3. Seeing abused animals **tears me apart**.
4. The movie really **tore me apart**.

Let's Scene 097 phone it in : 최소한의 노력도 하지 않다

1. I think he wants to break up with me. He's just **phoning it in**.
2. When I'm really tired, I sometimes just **phone it in**.
3. I got fired because I was just **phoning it in**.
4. I could feel that they were just **phoning it in**.

Let's Scene 098 beaming with pride : (자랑스러워서) 웃다, 크게 기뻐하다

1. I **beamed with pride** when I passed the test.
2. I **beamed with pride** when I won the game.
3. My mom **was beaming with pride** when I received the award.
4. I can see that you'**re beaming with** pride.

Let's Scene 099 crave something : ~를 갈망하다

1. When I'm on a diet, I **crave** ramen every night.
2. I **am craving** a really greasy pizza right now.
3. I **am craving** something sweet right now.
4. I think those kids **are craving** attention.

Let's Scene 100 I'm in : 나도 (동참) 할래

1. I'm gonna watch a movie. **Are you in**?
2. I'm gonna cook some ramen. **Who's in**?
3. If you're gonna watch a horror movie, **I'm out**.
4. I'm sick of this situation. **I'm out.**